Ilse Ammann-Gebhardt

ZAUBERHAFTE Weihnachtszeit

Erinnerungen aus 100 Jahren

BRUNNEN
Verlag GmbH · Giessen

Die Bibelzitate sind folgenden Übersetzungen entnommen:
Lutherbibel, revidiert 1984, durchgesehene Ausgabe,
© 1999 Deutsche Bibelgesellschaft, Stuttgart
Lutherbibel, revidiert 2017,
© 2016 Deutsche Bibelgesellschaft, Stuttgart
Die Bibel in heutigem Deutsch. Die Gute Nachricht des
Alten und Neuen Testaments,
© 1982 Deutsche Bibelgesellschaft, Stuttgart
(Diese Bibelübersetzung ist in einer revidierten Fassung erhältlich:
Gute Nachricht Bibel, durchgesehene Neuausgabe,
© 2018 Deutsche Bibelgesellschaft)

Hohe Nacht der klaren Sterne
Text & Melodie: Hans Baumann (1914–1988)
© Voggenreiter Verlag OHG, 53343 Wachtberg (Germany)
© Möseler Verlag
Die Zitate in der Geschichte „It's a wonderful life!"
stammen aus folgender Quelle:
Das große Norman Vincent Peale Buch, Hrsg.: Michael von
Görden, © Heyne Verlag, Ausgabe 1997, Seiten 96–100

MIX
Papier aus verantwortungsvollen Quellen
FSC® C014496

Lektorat: Carolin Kotthaus
Umschlag- und Innenbilder: Adobe Stock
Umschlaggestaltung: Daniela Sprenger
Satz: DTP Brunnen
Druck: GGP Media GmbH, Pößneck
Gedruckt in Deutschland
ISBN Buch 978-3-7655-3811-7
ISBN E-Book 978-3-7655-7623-2
www.brunnen-verlag.de

Inhalt

Zauberhafte Weihnachtszeit

Wir Kinder hatten eine schöne, fast sorgenfreie Kindheit, ob vor oder während des Krieges.

Der Himmel wölbte sich über dem Dorf wie eine blaue gläserne Kuppel, deren Ränder sich ringsumher auf die Hügel senkten. Unter diesem blauen sonnigen Himmelszelt und eingebunden in Familie, Nachbarschaft und die Dorfgemeinschaft waren wir glücklich. Was da draußen, außerhalb der gläsernen Kuppel geschah, war weit, weit weg und nicht vorstellbar. Wir hörten davon, doch es berührte unsere Kinderherzen recht wenig.

Diese Jahre hatten ihren eigenen Zauber, ihren eigenen wunderbaren Rhythmus und ihre besonderen Zeiten. Eigentlich war jede Zeit eine besondere Zeit, denn das Jahr unterschied nicht nur die vier Jahreszeiten und die Festtage – es gab laufend Höhepunkte, auf die man sich freuen konnte.

Aber Weihnachten – das war etwas völlig anderes. Es war und blieb für mich immer *der* Höhepunkt und gleichzeitig *der* Orientierungspunkt: Dann war wieder ein Jahr vorbei und ein langes, langes neues Jahr begann – bis endlich wieder Weihnachten wurde.

Die langen Sommerspiele gab es jetzt nicht mehr. Am Morgen, wenn wir zur Schule gingen, war es noch dunkel. In unsere Wintermäntel gehüllt, dicke Wollmützen auf dem Kopf, stapften wir durch Kälte und Schnee. Die Tage waren kurz und am Nachmittag wurde schon Abend.

Als wir etwas größer waren, glaubten wir heimlich nicht mehr so recht an Nikolaus und Christkind, obwohl der Glaube daran sehr schön war. Doch konnte es geschehen, wenn die Sonne rot hinter den Hügeln unterging und ihr Gold und Rot flammend in den Himmel warf, dass ein Kind plötzlich ausrief:

„Das Christkind bäckt Zuckerzeug!"

Zuckerzeug klingt noch heute richtig zuckrig und knusprig schön in meinen Ohren. „Das Christkind bäckt Zuckerzeug" klang wie ein Zauberwort: Augenblicklich standen wir alle still und schauten wie gebannt nach Westen, wo der Himmel sich über den Hügeln mit Gold und Purpurrot überzog. Im Himmel – das war klar – stand die große Ofentür offen, und heller Feuerschein drang zu uns heraus – es musste wunderschön dort sein.

Ich stand und schaute – und träumte Kinderträume aus vergangenen Jahren. Da hatte Mama mich früh zu Bett gebracht und geheimnisvoll erklärt, dass das Christkind käme, um ihr Zuckerzeug backen zu helfen.

„Aber nicht durchs Schlüsselloch schauen, sonst ist es weg!"

Ich habe nie – Ehrenwort! –, nie durchs Schlüsselloch geschaut.

„Und schön schlafen, nicht rufen!"

So blieb ich brav liegen und lauschte noch lange den Geräuschen aus der Küche, bis der Schlaf mir die Augen schloss.

Jetzt aber, beim Anschauen des Abendrots, war bei uns Kindern das Stichwort gefallen, und die folgenden Wochen waren erfüllt von Geheimnis und Flüstern und Plätzchenduft. Wir berieten, was wir unseren Eltern und Großeltern basteln könnten, und waren sehr beschäftigt damit; doch arg viel kam nicht dabei heraus. Und Geld, etwas zu kaufen, hatten wir Kinder damals alle nicht.

In diesen Tagen verschwanden auch plötzlich unsere Puppen und keiner wusste, wohin.

„Vielleicht hat sie das Christkind geholt?", meinte Mama.

Alles war voller Geheimnis. Manchmal durfte man tagsüber die Küche nicht betreten. Von drinnen hörte man das Rattern der Nähmaschine und andere verdächtige Geräusche. Bald war jetzt auch die Zimmertür abgeschlossen, und man durfte nicht mehr allein hinein, denn die Schränke bargen Dinge, die man nicht sehen sollte. Auch nicht sehen wollte, denn dann wäre Weihnachten nur noch halb so schön gewesen.

Der Nikolausabend war bereits ein kleiner Vorgeschmack auf Weihnachten. Angespannt saßen wir in der warmen Küche, warteten und bangten und sangen „Niklaus ist ein guter Mann", einen Vers nach dem andern.

Man wusste nie, ob nicht ein vermummter Nikolaus sogar

ins Haus kam oder aber heftig am Fensterladen klopfte und rüttelte. Denn das zumindest geschah immer. Dann sangen wir noch lauter, noch verzweifelter. Wenn aber das Rütteln, die seltsam unmenschlichen, drohenden Töne draußen aufgehört hatten, gingen Mama oder Oma zum Fenster, um nachzusehen, ob der Nikolaus uns „nicht vielleicht doch" etwas gebracht hätte. Und tatsächlich stand draußen für jeden ein Teller auf der Fensterbank und es lagen Zuckerzeug, ein Lebkuchen mit aufgeklebtem Nikolausbild, ein Apfel und ein paar Nüsse darauf. Die Spannung fiel ab …

Wenn das alles aber aufgegessen war, blieb nur noch die Erinnerung daran und das Verlangen, an Weihnachten einen ganzen Berg davon zu bekommen. Aber bis dahin gab es nichts mehr.

Es waren zauberhafte, aufregende Zeiten! Nach schier endlosem Warten und Entgegenfiebern, Tagen voller Arbeit und Vorbereitungen bei den Großen, zog gegen Abend auf einmal Festtagsstimmung ins Haus.

Die Arbeit ruhte, alles Rennen und Rumoren versank. Die Weihnachtsglocken begannen auf den beiden Dorfkirchen voll und feierlich zu läuten und wir wussten: Der Heilige Abend ist da.

Wir Kinder warteten aufmerksam und gespannt … Ein Glöckchen bimmelte süß und hell, zuerst ganz leise, die Tür öffnete sich wie von Zauberhand und aus dem dunklen Flur traten wir ins Zimmer, das im warmen, sanften Weihnachtsglanz erstrahlte. Mit sieben oder acht Jahren konnte man sich nur an drei, höchstens vier Weihnachtsfeste erinnern –

und das war im Leben bisher das Allerschönste auf der Welt gewesen. Froh und laut sangen wir ein Lied nach dem anderen, Oma und Opa immer auch mit dabei. Papa spielte Gitarre und seine kräftige Stimme füllte unseren kleinen „Chor". Ich wartete schon immer auf „Ihr Kinderlein kommet", denn da sang Papa wunderschöne hohe Schnörkel hinein.

Ach – Weihnachten war jedes Jahr zauberhaft und schön. Der schönste Tag des Jahres.

Zudem gab es Geschenke, Teller voller Zuckerzeug und – man höre und staune – auch die Puppen tauchten wieder auf. Mit schönen neuen Kleidern saßen sie unter dem Lichterbaum und lächelten einen an. Das eingedrückte Auge oder der zerbrochene Arm waren wie durch ein Wunder wieder ganz heil. Und Weihnachten war ja ein Wunder, jedes Jahr neu.

Ich kann mich nicht erinnern, auch nur *ein* Mal an Weihnachten enttäuscht gewesen zu sein. Was für mich zählte, waren nicht so sehr die Geschenke, sondern der still leuchtende Christbaum mit seinen silbernen und weißen Kugeln, den weißen Kerzen, Lametta und ein wenig Engelshaar. Welch ein Schimmern und Glänzen!

Vor allem aber rührten mich die zarten und bewegenden Lieder, die man nur an diesem einen Abend des Jahres als Familie sang, diese schöne, frohe und unnachahmliche Weihnachtsstimmung.

Mit diesen wunderbaren Festtagen voller Hochstimmung, Gottesdienstbesuchen, gutem Essen und Besuchen hin und her ging für mich das Jahr zu Ende und ein neues begann. Ganz gleich, was es an einzelnen besonderen Erlebnissen bringen würde – der Rhythmus des Jahres war immer der gleiche. Man wusste schon genau, was wann kommen würde. Immerzu hatte man etwas, worauf man sich freuen konnte. Und das nächste, heiß ersehnte Weihnachtsfest kam ganz bestimmt

– als Krönung und Höhepunkt des Jahres.

Und davon möchte ich Ihnen in diesem Buch erzählen …

… von Erlebnissen in der Advents- und Weihnachtszeit bis zum Dreikönigstag und von Begebenheiten, die ich mit anderen in dieser oder jener Weise teilte. Einzelne Geschichten wurden von mir schon sehr bald aufgeschrieben und gesammelt. Ich habe sie chronologisch geordnet, und dabei staunend entdeckt, dass sie sich damit „locker“ und gut lesbar in ein ganzes Jahrhundert fügen.

Über all den Weihnachtszeiten meines Lebens lag immer etwas von dem Weihnachtszauber meiner Kindheit und von der unfassbaren Größe und Schönheit der Botschaft, dass Gott uns seinen Sohn sandte, „damit alle, die an ihn glauben, nicht verloren gehen, sondern ewiges Leben haben“ (Johannes 3,16).

Ich wünsche allen Leserinnen und Lesern Freude, Entspannung und ein neues Weihnachtsgefühl beim Lesen. Sicher werden in diesen Tagen auch in Ihnen fast vergessene und doch lieb gewordene Erinnerungen wach, die Ihr Herz zu wärmen vermögen.

In diesem Sinne wünsche ich Ihnen eine frohe und reich gesegnete Weihnachtszeit!

Ilse Ammann-Gebhardt

Weihnacht –
in Krieg und Frieden

Zur Heiligen Nacht

Ich ging im dunklen Wiesengrund
am Abend hin, für mich so ganz allein,
schwarz stand der Wald, der Wind war stumm,
da fing es lautlos an zu schnei'n.

Die weißen Flocken schwebten sacht,
mir war, als ob der Himmel leise sang –?
Es läutete zur Heil'gen Nacht
der fernen Glocken weicher Klang.

Sie weckten die Erinnerung
in mir an alte, längst vergangne Zeit,
als Hirten hörten die Verkündigung
vom Heil, von Frieden und von Freud'.

Die Botschaft ist ja nicht so alt,
dass sie nicht heut' das Herz ergreift und rührt,
und in uns tönt und leise widerhallt,
vom Heiland, der zum Himmel führt.

Da wird mein Herze seltsam weich,
und weiß und weißer glänzen Flur und Feld.
Ich fühle mich beschenkt – so überreich,
und Gottes Friede senkt sich auf die Welt.

Als wäre gar kein Krieg

1916

Wunderbar – das Weihnachtsfest musste einfach wunderbar werden!

Seit Wochen hatte Anna „geschuftet wie ein Pferd“. Im Oktober hatte sie beim Bauern im Tagelohn Kartoffeln ausgemacht. Dafür hatte sie von ihm Kartoffeln und Mehl bekommen. Zucker und Margarine hatte sie schon seit Langem aufgespart.

Jetzt stand Weihnachten vor der Tür und manchmal zog abends der Duft von Weihnachtsgebäck durchs Haus. Alles war vorbereitet wie in alten Zeiten: Sie hatte die Puppen der Kinder neu ausstaffiert, sogar einen Puppenwagen erstanden und manches mehr. Es war einfach wunderbar, denn Heinrich würde von der Front in Urlaub nach Hause kommen – er würde staunen! Sie hatte sich so abgerackert für dieses Weihnachtsfest 1916, dass man nichts vom Krieg merken würde.

Heinrich kam. Müde, ausgehungert, verdreckt stand er vor ihr. Die Fahrt von Russland war weit und beschwerlich gewesen. In unendlich langen Monaten und nass verregneten, eiskalten November- und Dezemberwochen mit frühem Schnee war ihnen der Krieg zur Hölle geworden. Nur das Wissen, an Weihnachten zu Hause zu sein, hatte ihn aufrechterhalten.

Endlich wieder einmal baden können, in einem sauberen, weichen Bett schlafen! Endlich wieder einmal Anna und die Kinder in die Arme schließen – seine alte Mutter … Erfahren, wie es ihnen ging, und an Weihnachten, dem Fest aller Feste, zu Hause sein. Alle Gedanken an Krieg, Russland hinter sich lassen …

Schlafen, schlafen, nur schlafen …

Die Kinder überfielen den Vater mit ihrer Liebe, erdrückten ihn fast. Anna stand dabei und wischte sich die Tränen ab …

Heinrich badete, zog weiße weiche Unterwäsche an, ein weißes Hemd, seine bequeme graue Wollhose. Doch er fühlte sich zum Sterben elend. Er sagte es nicht, denn Anna und die Kinder waren in allzu fröhlicher Weihnachtsstimmung. Anna hatte es immer verstanden, diese Tage mit Duft und Geheimnis und froher Erwartung zu erfüllen. Das wollte er ihnen nicht verderben.

Heiligabend. Die Kinder saßen mit dem Vater in der warmen Wohnküche, sie sprachen leise und lauschten. Allzu leicht hätte man das Bimmeln des Glöckchens überhören können. Doch da war es – ein leises, süßes silbernes Bimmeln!

Die Kinder wagten kaum zu atmen, dann gingen sie langsam in die dunkle Diele. Aus der Wohnzimmertür fiel warmer, heller Lichtschein, und das Glöckchen klang aus.

Langsam, zaghaft traten sie durch die offene Tür, und dort schimmerte der schönste Weihnachtsbaum. Weiße Kerzen flackerten und spiegelten sich in silbernen Kugeln und Lametta. Mitten in die Verzauberung hinein begann die Mutter leise zu singen: „Stille Nacht, heilige Nacht …"

Die Kinder fielen mit ihren klaren Stimmen ein, sie sangen ein Lied nach dem andern. „Freue dich, o freue dich, du Christenheit" klang es.

Da drehte sich Heinrich wortlos um, ging hinaus und zur Küche hinüber.

Anna war entsetzt. Wusste er denn nicht, was er ihr und den Kindern damit antat? Warum sang er nicht, freute sich nicht mit? Sie hatte sich doch alles so schön ausgedacht, so schön vorbereitet! Aber – warum war er gegangen?

Anna machte ihr Herz hart. Sie sprach nicht mit ihrem Mann über diesen Punkt und er schwieg, erklärte nichts, entschuldigte sich nicht. Doch dann kam ein Abend, an dem Heinrich sein Herz ein wenig öffnete:

„Weißt du, wenn man Wochen und Monate in Russland in Dreck und Schlamm liegt, Tod und Gefahr ringsum, und dann heimkommt und das sieht und hört – als wäre überhaupt kein Krieg!"

Er schüttelte den Kopf. Wie sollte er das erklären?

Doch Annas Herz war noch immer hart:

„Weißt du denn, wie es mir und den Kindern in diesen Jahren ging? Weißt du, wie ich mich abgerackert habe für dieses Weihnachtsfest? Geschuftet, gespart, mir jeden Pfennig abgeknausert …"

Er wusste es nicht. Sie wusste es nicht.

„Du kannst dir nicht vorstellen", versuchte er noch einmal, „was es bedeutet, wenn es heißt: Auf in den Nahkampf! – Mit aufgepflanzten Bajonetten!"

Heinrich sah all die schrecklichen, blutigen Szenen vor sich: Männer, die sich gegenseitig buchstäblich abschlachten – *der oder ich!* Man hatte keine Wahl, denn daheim waren Frau und drei Kinder! Dabei hatte er immer ein weiches, mitfühlendes Herz gehabt.

Aber Anna hatte keine Vorstellung davon, wie seine Tage in Russland aussahen. Der Krieg, die Entbehrungen, die unendlichen Sorgen dieser Jahre machten die Herzen der Menschen hart, damit sie überhaupt durchkamen.

Die Tage vergingen, doch als die bevorstehende Trennung bewusst wurde, fühlten die Herzen nicht mehr hart. Sie waren weich, ganz weich. Anna spürte schon jetzt die Reue um jede verlorene Stunde. Sie musste ihren Mann wieder ziehen lassen. Und Heinrich musste gehen, Heim und warmen Herd, seine Frau und drei schmerzlich vermisste Kinder zurücklassen. Ein Abschied, der beiden das Herz fast zerriss.

Wussten sie, ob sie sich je wiedersähen?

Oft hat Anna im Alter von diesem Weihnachtsfest erzählt, und wir spürten ihr Bewegtheit ab. Annas Augen schimmerten weich und wissend, wenn sie davon sprach.

Dennoch war Anna auch viel Schönes und etwas sehr Beglückendes von dem Urlaub geblieben: Am 20. September 1917 erblickte ihrer beider Sohn Friedel das Licht der Welt, den sie und Heinrich sehr liebten.

Hohe Nacht der klaren Sterne

1942 / 1945

Wir waren Kinder von sieben, acht Jahren und begierig auf das Leben. Begierig auf alles Neue, das wir sahen und hörten, wie Kinder eben sind.

Was wir in der Schule hörten und erlebten, drang in unsere Herzen, unser Denken ein: vom Hitlerbild über dem Pult in den Klassenräumen, dem gemeinsamen Hitlergruß mit erhobener, schräg ausgestreckter Hand am Morgen bis hin zu offener bis unterschwelliger national-sozialistischer Beeinflussung.

Kinderseelen sind wie feuchter Ton: Man kann ihn formen und die Form auch verändern, solange er noch feucht ist. Und Kinder sind nicht urteilsfähig; sie übernehmen, was Eltern und Lehrer – die ganze Umwelt – ihnen anbieten. So war es auch damals, als wir Kinder waren. Und es war Krieg!

Viele Väter, Söhne und Brüder, so viele Nachbarn und Verwandte waren als Soldaten eingezogen worden. Auch mein Papa. Einige waren schon gefallen, viele kämpften in diesen

Tagen in Schlamm, Regen und Schnee an schweren Fronten oder waren seit Wochen im todbringenden Kessel von Stalingrad eingeschlossen. Wie Papas Freund Arthur und sein Cousin Ludwig und Mamas Bruder Heinrich.

O hoffentlich lebten sie noch, hoffentlich!

Hoffentlich war dieser schreckliche Krieg bald aus!

Hoffentlich hörten die Bombennächte in den Städten, all die unbegreifliche Zerstörung bald auf! Hoffentlich!

Die vierte Kriegsweihnacht stand bevor. Zehntausende Päckchen waren, mit Liebe, mit Tränen und Herzblut gepackt, unterwegs zu den Frontsoldaten, die sich zu keiner Zeit so verzweifelt innig nach Hause sehnten wie gerade an Weihnachten. Die Herzen waren weich – hier wie dort.

In jenen Tagen schaute ich mir immer wieder mit Wehmut und Mitgefühl eine schöne, klare Weihnachts-Fotokarte in Schwarz-Weiß an, von deren Art es viele ähnliche gab:

Eine sehr schöne, gepflegte junge Mutter, umgeben von drei adrett gekleideten, sauber gekämmten Buben, alle mit den gleichen Pullovern, sitzt neben einem strahlenden, großen Weihnachtsbaum und liest lächelnd, die Tränen tupfend, einen Brief: Es war klar – ein Brief von Papa aus dem Felde!

So wie er oder mein Papa konnten auch viele, viele andere zu Weihnachten nur einen Brief schreiben. Wenn überhaupt.

Zu Hause aber war Weihnachten ein wunderbares Fest im Kreis der Familie – das war es immer gewesen –, und dort sangen wir auch ganz andere Lieder als in der Schule. Es begann mit „Stille Nacht, heilige Nacht“ und endete mit „O du fröhliche, o du selige, gnadenbringende Weihnachtszeit: Welt ging verloren, Christ ist geboren – freue dich, o Christenheit!“.

Davon und mehr konnte man im Weihnachtsgottesdienst hören – sofern man ihn besuchte. Aber uns Kinder, die in der Schule keinen Religionsunterricht hatten, interessierten in der Kirche vor allem die beiden riesigen, leuchtenden Weihnachtsbäume beiderseits des Altarraumes und die feierlichen Gesänge in der „weihnachtlich überfüllten“ Kirche. Von der mit viel Pathos vorgetragenen Predigt verstanden wir in diesen jungen Jahren nicht viel.

Jetzt war bald wieder Weihnachten. Weihnachten 1942. Wir lernten in dieser Vorweihnachtszeit in der Schule das anheimelnde Nikolausgedicht „Von drauß' vom Walde komm ich her“ und erschauerten wohlig.

Wir sangen träumerisch „Leise rieselt der Schnee“ – und schauten dabei sehnsüchtig zum Fenster, ob es nicht vielleicht doch bald schneien würde. Denn ohne Schnee war Weihnachten nicht so, wie es sein sollte.

Damals lernten wir das vertonte Eichendorff-Gedicht, dessen warme Bilder uns Dorfkindern innig vertraut waren. Die Melodie war schlichtzart und weihnachtlich:

Markt und Straßen stehn verlassen,
still erleuchtet jedes Haus,
sinnend geh ich durch die Gassen,
alles sieht so festlich aus.

An den Fenstern haben Frauen
buntes Spielzeug fromm geschmückt
tausend Kindlein stehn und schauen,
sind so wunderbar beglückt.

Und ich wandre aus den Mauern
bis hinaus ins freie Feld.
Hehres Glänzen, heil'ges Schauern,
wie so wunderbar die Welt.

Sterne hoch die Kreise schlingen,
aus des Schnees Einsamkeit
steigt's wie wunderbares Singen:
O du gnadenreiche Zeit.

Doch noch besser gefiel mir ein anderes Lied, denn es hatte eine getragene, verschlungene und rührende Melodie. Ich sang es laut und ergriffen:

Hohe Nacht der klaren Sterne
die wie weite Brücken stehn
über einer tiefen Ferne,
drüber unsre Herzen gehn.

Hohe Nacht der hellen Feuer
die auf allen Bergen sind,
heut wird sich die Erd' erneuern
wie ein junggeboren Kind.

Mütter, euch sind alle Feuer,
alle Sterne aufgestellt.
Mütter, tief in euren Herzen
schlägt das Herz der weiten Welt. [1]

Ich sang die Lieder auch zu Hause. Aber keiner hat damals bemerkt, dass beide Lieder nichts mit der eigentlichen Weihnacht, schon gar nicht mit dem Kommen des Welterlösers zu tun hatten; dass es „nichtchristliche" Weihnachtslieder waren, die man in einem vom Glauben abdriftenden Deutschland sang und die Kinder lehrte. Ja, Kinderseelen sind wie feuchter Ton, den man formen kann …

Endlich waren die Schrecken des Krieges vorbei. Doch das Entsetzen blieb, während man versuchte, die zerbombten Städte, das zerstörte Leben wieder aufzubauen.

Langsam, zögerlich lief auch ein regelmäßiger Schulunterricht wieder an, und zum ersten Mal hatten wir auch Religionsunterricht. Der Pfarrer des Dorfes selbst lehrte uns. Jetzt, vor dieser ersten Nachkriegsweihnacht, lernten wir die Geburtsgeschichte Jesu aus Lukas 2 auswendig sowie eine ganze Reihe alter „echter" Weihnachtslieder, die uns zum eigentlichen Weihnachtsgeschehen, zu einem tiefen Erfassen der Weihnachtsbotschaft, hinführten. Auch sie drangen tief in mein Innerstes, doch ganz anders, als manche Lieder ein paar Jahre vorher.

---

1 Text und Melodie 1936 von Hans Baumann (1914–1988)

Zu meinen auserkorenen und liebsten Weihnachtsliedern gehörte damals und gehört noch heute das ergreifende Lied von Paul Gerhard. Tief berührt sang ich, die Elfjährige, mit dem Gesangbuch in der Hand und bald ganz auswendig:

Ich steh an deiner Krippe hier,
o Jesu, du mein Leben.
Ich komme, bring und schenke dir,
was du mir hast gegeben.
Nimm hin, es ist mein Geist und Sinn,
Herz, Seel' und Mut, nimm alles hin,
und lass dir's wohlgefallen.

Ich lag in tiefer Todesnacht,
Du warest meine Sonne,
die Sonne, die mir zugebracht
Licht, Leben, Freud' und Wonne.
O Sonne, die das werte Licht
des Glaubens in mir zugericht',
wie schön sind deine Strahlen.

Ich sehe dich mit Freuden an
und kann mich nicht sattsehen,
und weil ich nun nicht weiter kann,
bleib ich anbetend stehen:
O dass mein Sinn ein Abgrund wär'
und meine Seel' ein weites Meer,
dass ich dich möchte fassen.

Heilige, unvergessene, ewig gültige Worte – Worte von so unendlicher Tiefe und Schönheit, eingeprägt in den feuchten, weichen Ton eines Kinderherzens!

Für immer.

Solang die Sterne am Himmel stehn …

1944

Es war das erste Mal in diesem grausamen Krieg, dass die Bombengeschwader mit ihrer todbringenden Ladung auch an Weihnachten über das Dorf hinwegdröhnten.

Das erste Mal, dass die Menschen am Weihnachtsmorgen nicht in der Kirche saßen, sondern mit Kindern und Alten die Bunker und Luftschutzstollen aufsuchten. Dort war man halbwegs sicher – aber … das Dorf lag nur etwa zehn Kilometer von der französischen Grenze entfernt, und oft heulten die Sirenen erst, wenn die Bomber schon da waren. Bis jetzt war das Dorf verschont geblieben. Wusste man, wie lange noch?

Letzthin war ein Angriff von Tieffliegern erfolgt, die einen Zug angegriffen und auf einzelne Leute auf der Straße und auf den Feldern geschossen hatten. Es hatte einige Tote gegeben. Man musste sich in Sicherheit bringen, Tag für Tag, Nacht für Nacht auf dem Sprung sein.

Nachts war es am schlimmsten: die Kinder aus den Betten reißen, anziehen, den Säugling in den Kinderwagen setzen, die Kleine vorne drauf, die Große an der Seite, etwas zu essen in die Tasche packen und den Koffer greifen – den Koffer mit dem Wichtigsten: den Familienpapieren. Und die Schwiegermutter.

Dann hinaus in die Dunkelheit, in Kälte und Regen, während die Luft erbebte vom Dröhnen der Motoren am dunklen Nachthimmel über ihnen.

Helga drehte, während sie den Säugling stillte, den Arm ein wenig und schaute auf die Armbanduhr. Es war ein Uhr Mittag. Seit vier Stunden saßen sie hier im Luftschutzbunker.

Es war kalt, die Luft stickig, die Kinder unruhig. Manchmal schrie ein Säugling auf, dann begannen zwei, drei andere auch zu schreien. Aber das war nicht das Ärgste. Schlimmer war die gedrängte Enge, dieses trübe, flackernde Licht einer einzigen Karbidlampe und die verbrauchte, schlechte Luft.

Drei, vier größere Kinder drehten lange an der jammernden Kurbel, um Luft hereinzupumpen – man merkte es kaum. Die Leute sprachen leise und wenig, hingen ihren Gedanken nach, erzählten mit kurzen Worten, dass dieser und jener gefallen sei – ein Familienvater, ein Sohn …

Da und dort seufzte jemand schweigend auf, andere weinten lautlos, schnäuzten sich ins Taschentuch, dachten an die eigenen Gefallenen oder Vermissten.

„Vermisst sein ist das Schlimmste“, sagte eine ältere Mutter, „man wartet Tag und Nacht auf ein Lebenszeichen! Manchmal über Jahre! Man klammert sich dran, dass der Bub doch noch leben kann. Vielleicht ist er auch in Gefangenschaft geraten? Wenn er nur lebt!“

Das wussten sie alle. Viele aus dem Dorf waren gefallen, viele vermisst – viele seit Stalingrad, aber man hoffte weiter.

Der Bunkerwart kam von draußen herein, die Hände frierend in den Hosentaschen, aller Augen hingen an seinem Gesicht.

„Nichts“, sagte er, „noch immer keine Entwarnung!“ Er schaute sich um – „aber es schneit immer stärker!“

„Endlich! Wenn nur das Getreide auf den Feldern nicht erfriert!“ Wenn nur nicht …

Sie bangten alle um ihr tägliches Brot, denn sie hatten hier auf dem Lande alle Gärten und ein paar kleine Äcker. Was man auf die Lebensmittelkarten bekam, half, nicht zu verhungern, aber richtig satt davon wurde keiner.

Der Mann ging wieder, kam bald zurück und meldete neue Bomberverbände. Es schneite noch immer.

Es wurde drei, wurde sechs Uhr – draußen war es längst dunkel geworden. Die Kinder waren nun sehr unruhig, stritten miteinander. Mütter teilten Ohrfeigen aus, riefen sie leise zur Ordnung – verzweifelt. Kinder, die Tage und Nächte in Bunkern eingepfercht saßen – was sollte man nur machen?

Helga stillte den Säugling wieder einmal, die kleine Hanni war auf Omas Schoß eingeschlafen. Die beiden Frauen sahen sich an, wortlos, es gab nichts zu sagen, sie wussten alles.

Die Mutter betete für zwei Söhne, Helga für ihren Mann,

den Vater ihrer drei Kinder, und für den jungen, neunzehnjährigen Schwager. Beide waren an der Ostfront. Irgendwo in Russland – der eine da, der andere dort.

Die Mutter dachte, dass die junge Frau bisher nicht viel von ihrem Mann und ihrer Ehe gehabt hatte. Angst, Arbeit und Kummer. Liesel war zwei Jahre vor Kriegsbeginn geboren, Hanni 1940. Die kleine Susi hatte sich nach Manfreds letztem Heimaturlaub angemeldet – mehr als ein Jahr war das her.

Wenn man nicht beten könnte, dachte die Mutter, *wie könnte man all das Grauen, das Sterben, die Not durchstehen?*

Wenn man nicht beten könnte!

Die Stunden dehnten sich endlos, zerrten an den Nerven, wieder ein Blick auf die Uhr – seit dreizehn Stunden saß man jetzt hier. Die einen dösten, die anderen starrten vor sich hin, einige flüsterten – eine bedrückte, müde Schicksalsgemeinschaft auf engstem Raum.

Dann kam der alte, krumme Johann herein, hinter ihm der Bunkerwart: „Entwarnung!", sagte er müde, aber es lag keine Freude, keine Erleichterung in seiner Stimme.

Schnell und leise verließ man den schützenden, bedrückenden Raum und strebte nach Hause. Manche waren alleinstehend, nicht alle hatten drei Kinder …

Helga und die Mutter packten zusammen. Als Letzte traten sie ins Freie, atmeten die frische, frostklare Nachtluft tief ein. Die Menschen verloren sich fern auf dem Heimweg. Der Bunkerwart drehte den großen Schlüssel um und ging wortlos an ihnen vorbei durch den knirschenden Schnee.

Alle wussten: Die Sirenen konnten neuen Großalarm geben, noch bevor man zu Hause ankam …

Die schläfrige Hanni an der Hand, berührte die Mutter Helgas Arm, und sie blieben stehen: Die Wolken hatten sich verzogen. Vor ihnen lagen das Dorf, Felder und Wiesen, Tannen und Geäst tief verschneit und weihnachtlich, in unberührter Schöne und Reinheit.

Unberührt und unversehrt von Menschen, die in diesem Krieg so namenloses Elend und Zerstörung über Städte, Dörfer und Menschen und Völker brachten. Der funkelnde Sternenhimmel spannte sich wie tiefblauer Samt klar und hoch über der Welt wie seit Urbeginn. Kein Hauch, kein Laut, nur Stille, völlige Stille und Friede.

Die Mutter legte den Arm voller Mitgefühl um die Schultern der jungen Frau, und sie sagte, ergriffen von der Schönheit und dem Frieden des Augenblicks, ergriffen auch von dem Bewusstsein, dass Gott ihnen und dieser Welt nicht ferne war:

„Tochter – es ist Weihnachten!"

Das Wort klang so neu und gut, so hoffnungsvoll …

Und einen Augenblick später sagte sie: „Dieser Krieg wird einmal zu Ende sein, eine neue, bessere Zeit wird kommen, glaube mir! Denn solange die Sterne am Himmel funkeln wie in dieser Nacht, solange über den Sternen ein gütiger Vater waltet, ist Hoffnung für diese Welt."

Und leise setzte sie hinzu: „Zuletzt, zuletzt wird das Gute doch über das Böse siegen."

Sterne kreisen weltenfern

Sterne steigen, Sterne fallen
Sterne kreisen weltenfern
Und es strahlt am Himmel allen
Leuchtend auf ein neuer Stern

Den hat noch kein Mensch gesehen
Aus dem Nichts ist er nun da
Und er will nicht untergehen
Steht am Himmel hell und klar

Kündet neugebornen König
Funkelt, als ob er sich freut …
Und sein Leuchten scheint ihm wenig
Strahlt mit Macht und Herrlichkeit

Nacht der Menschen, Nacht der Herzen
Dieser König macht sie hell
Nimmt auf sich all unsre Schmerzen
Denn er heißt Immanuel[2]

---

2 Immanuel = „Gott mit uns“

Keine Nacht wird jemals wieder
Ohne Trost und Hoffnung sein
Jubelnd steigen unsre Lieder
In den Himmel hell und rein

Sterne kreisen, Sterne schwingen
Engel lachen himmelweit …
Mit den fernsten Sternen singen
Wir dem Herrn der Herrlichkeit

Fünf kleine Herzwaffeln

1945

Der Krieg war aus. Aber Volk und Land steckten in der Nachkriegszeit, ein Wort, das für die, die sie erlebten, noch heute mit ganz bestimmten Inhalten gefüllt ist.

Die Menschen in Stadt und Land räumten auf, räumten die Trümmer weg, versuchten aus dem, was ihnen geblieben war, das Beste zu machen. Die „Berliner Trümmerfrauen" wurden zu einem festen Begriff. Was sie Übermenschliches leisteten, ihr Mut, ihre Opfer- und Einsatzbereitschaft führten mit dazu, dass man bei der Gründung der Bundesrepublik den Frauen die Gleichberechtigung mit dem Mann nicht mehr verweigern konnte, sondern sie im Grundgesetz verankerte.

Es fehlte am Nötigsten: Salz war Mangelware, Seife, Waschpulver, Nähgarn, Knöpfe, vor allem Lebensmittel aller Art – es mangelte an allem.

Mama nähte. Aus alten Wolldecken und Armeemänteln wurden Mäntel für Frauen, aus geblümten und karierten Bettbezügen und Übergardinen nähte man Dirndl und Kleider. Hauptsache, man hatte etwas zum Anziehen.

Die Menschen auf dem Land besaßen Gärten und Felder, doch in den Städten hungerten viele. Am Anfang kamen die Städter in die Dörfer und tauschten Kleidung, Teppiche, Luxusartikel für ein paar Lebensmittel. Wer aber nichts mehr hatte, ausgebombt war oder „von der Flucht kam", wie man sagte, war auf die Güte seiner Mitmenschen angewiesen.

Noch 1946 kamen Leute aus der Stadt und bettelten um ein paar alte, trockene Brotrinden oder gar Kartoffelschalen ... Es war kaum zu glauben.

Die ersten Nachkriegsjahre waren hart. Die Menschen setzten all ihre Kräfte ein, um das Land wieder aufzubauen. Sie säten und ernteten wieder. Doch obwohl man einen Großteil aller Ernten – selbst eine bestimmte Anzahl Eier pro Huhn – an die Besatzungsmächte abzuliefern hatte, wurde es langsam besser.

Das Erstaunliche aber war, dass die Menschen damals nicht klagten. Und noch erstaunlicher war, dass die Menschen dankbar waren.

Bald schon kehrten die ersten Väter und Söhne aus der Gefangenschaft zurück, der Krieg war vorbei, man konnte wieder ruhig schlafen und wurde nicht durch Bombenalarm aus den Betten gerissen.

Jedes Kleidungsstück, jedes Stück Brot, jede Handvoll Kartoffeln, ein Kopfsalat oder ein paar Falläpfel waren etwas Besonderes, das man dankbar und freudig annahm. Jeder Tag war eine neue Herausforderung: *Was kann ich meinen Kindern heute kochen? Wo bekomm ich was her?* Jede dampfende Schüssel auf dem Tisch wurde zu einem Erfolgserlebnis.

Die erste Nachkriegsweihnacht war sehr ärmlich. Es gab weder Baumkerzen noch Weihnachtsschmuck noch Spielzeug oder irgendwelche Gebrauchsartikel zu kaufen. Und wovon sollte man Plätzchen backen? Was sollte man den Kindern schenken? Aber Mütter sind erfinderisch und wir Kinder waren damals sehr anspruchslos, auch sehr dankbar für jede Kleinigkeit. Denn auch die kleinsten Dinge bedeuteten so viel und machten froh.

Mein Vater war noch in amerikanischer Gefangenschaft. Mehr wussten wir nicht. Opa brachte eines Tages eine kleine Weihnachtstanne nach Hause, etwas Schmuck war noch da, und Mama steckte die alten Kerzenstummel auf. Das Glöckchen bimmelte wie in all den Jahren zuvor, und ich erinnere mich, dass wir mit großer Freude am Heiligen Abend um den Lichterbaum standen und unsre alten, geliebten Weihnachtslieder sangen.

Da klopfte es draußen laut an die dicke Eichenhaustür. Ich erschrak. Wer mochte das sein? Warum kam die Person nicht herein? Die Tür war doch nie verschlossen.

Opa ging hinaus, kam aber gleich danach lächelnd zurück und sagte: „Das Christkind möchte *dich* sprechen!"

Mich? – durchfuhr es mich. Oh, so was war noch nie geschehen!

Zaghaft und noch immer erschrocken ging ich durch den dunklen Flur zur Haustür. Draußen stand unser oberer Nachbar, ein feiner, gütiger und sehr liebenswürdiger Mann, dessen Sohn und Tochter schon um die zwanzig waren. Er reichte mir ein längliches, verschnürtes Päckchen und sagte mit seinem lieblich-sanften Lächeln:

„Das ist vom Christkind für dich!"

Stotternd und völlig verwundert dankte ich ihm und er ging. Im Zimmer starrten mich alle an: „Mach auf, mach auf!"

Ich löste Schnur und Papier und hielt ein kleines Waffeleisen in der Hand. Es war genau wie Omas großes Waffeleisen, mit dem sie ab und zu auf der Herdplatte Waffeln backte – große duftende Herzwaffeln.

Mein Waffeleisen war eine richtige Miniaturausgabe von etwa zwölf Zentimetern Durchmesser und hatte lange Griffe, damit man sich nicht so leicht die Finger verbrannte. Denn man konnte damit tatsächlich Waffeln auf der Herdplatte backen – fünf kleine Herzwaffeln.

Kann jemand die jähe Freude meiner elf Jahre verstehen? Und denken Sie: In der Folgezeit, wenn Mama mit der kleinen Handmühle, die noch vom Ersten Weltkrieg auf dem Speicher gelegen hatte, etwas Weizen schrotete, gab sie mir – trotz der Notzeit – eine kleine Tasse Schrot. Ich rührte es mit etwas Milch oder Wasser zu einem dicklichen Brei und backte kleine Schrotwaffeln. Meine beiden kleineren Schwestern umklammerten die Herdstange und schauten neugierig zu. Es duftete so schön und jeder bekam etwas davon ab. Und sie schmeckten damals, in jener schweren Zeit, so gut!

Jedes Jahr an Weihnachten denke ich an diese kleine Geschichte und an unseren freundlichen Nachbarn: Er arbeitete damals in einer großen Metallfabrik mit Eisengießerei und die Väter oder Opas hatten damals kleine Waffeleisen für ihre Mädchen gegossen, da es nichts an Spielwaren zu kaufen gab. Unser Nachbar ist schon lange nicht mehr unter uns, aber ich habe ihn nie vergessen, nie seine feine, liebenswerte Art und nie dieses ganz besondere Weihnachtsgeschenk.

Inzwischen sind so viele Jahrzehnte vergangen. Ich besitze kein Buch, keine Spielsachen, nichts mehr aus meiner Kindheit. Aber das kleine Waffeleisen mit seinen Gebrauchsspuren von damals, das habe ich noch immer. Und mein Herz wird weich, wenn ich zurückdenke an jenes tröstliche erste Nachkriegs-Weihnachtsfest, den ärmlichen und doch so wundervollen Weihnachtsbaum im Kerzenglanz, vor dem wir unsere alten Weihnachtslieder voller Hoffnung und Dankbarkeit zum Himmel emporsangen.

Weihnachtsseligkeit

Ich hab mich so auf Weihnachten gefreut,
wie einst in heller Kinderzeit,
da kam der Heil'ge Abend heut
und ich vermiss die Seligkeit.

Denn zwischen Glitzer, Licht und Farben
Da steigt mein Sehnen himmelwärts:
O Herr, du bist's, dich muss ich haben,
ach komm und fülle du mein Herz!

Und wie ich mich so innig sehne,
und voll Verlangen werd' ganz still,
steigt mir auf des Herzens Träne,
zieht in die Seele ein Gefühl –

– so weich, so weh, so süß und schwer,
und doch so wundersam beklommen,
ganz ungeahnt – vom Himmel her
ist mir die Heil'ge Nacht gekommen.

Weihnacht –
für Klein und Groß

Kinderseligkeit

Blau schimmert der Schnee
bei den zitternden Lichtern
der stolzen Vorgartentanne
Traumselig
das kleine Kindergesicht
hinter der Fensterscheibe
weltenverloren

Wenn alle Wünsche und Märchen verschmelzen
wenn alle Träume Seligkeit sind
und das Flüstern leis
geheimnisumwoben
glücklich im Duft von Zimt und Anis

Wenn das Herz so überselig
so wundersam fühlt und so reich
ein Ahnen in allem
und sanfte Musik –
Glockenklang über verschneiten Dächern

Dann zittert wieder durch stille Räume
ein heimlich geflüstertes Wort

Weihnacht –
Weihnacht ist da –

Diese große, turbulente Familie!

1951

„Ruhe, Ruhe!“ Sie fasste sich an die Stirn! Wie oft hatte sie das heute schon ausgerufen! Sie wollte es auch jetzt tun, aber sie hielt an sich, denn – es war doch Weihnachten! Und bei sechs Kindern konnte es einfach nicht leise zugehen an diesem Tag.

Die Zwillinge zankten um ein Spielzeug … Sie nahm es Margot wortlos aus der Hand und gab es Edith zurück, und sie rief Hanne zu, die beiden warm anzuziehen und für eine Stunde an die frische Luft zu gehen. Ruth und die kleine Ingrid schickte sie zu den Großeltern hinauf, und die Älteste war einkaufen.

Hedwig stand einen Augenblick still da – ein Blick auf die Uhr, sie atmete tief ein und aus. Welch ein Tag! Aber so war es immer an Heiligabend. Hundert Dinge waren noch zu erledigen, wie sollte sie nur rechtzeitig fertig werden?

Um drei würde der Besuch schon kommen: die alte Diakonisse Marie und die junge Katrin, die erst kürzlich aus der Ostzone herübergekommen, allein und ohne Arbeit war.

Hedwig zog einen Kuchen aus dem Ofen und schob den nächsten hinein. Gut, dass die Älteste heute freihatte und ihr zur Hand gehen konnte. Sie war am Morgen schon zweimal einkaufen gewesen, jetzt stand sie beim Metzger an. Ilse war siebzehn und zum ersten Mal verliebt!

Hedwig seufzte unwillkürlich. Ihr Mann sah das gar nicht gerne – gelinde gesagt! Die Atmosphäre war seit Wochen gespannt. Was sollte nur werden? Ilse hatte den Vater vor Tagen gefragt, ob sie morgen mit Hans dessen Onkel und Tante besuchen dürfe. Der Vater hatte die Lippen zusammengepresst und kein Wort gesagt. Natürlich war das Mädchen noch „viel zu jung", wie er meinte. Wenn das heute nur gut ging!

Hedwig huschte durch die Wohnung, tat dies und jenes, und bald war der Kuchen fertig gebacken, die Wohnung blitzblank und alle Einkäufe erledigt. Ruhe kehrte ein, auch die Kinder waren jetzt ruhiger …

Als Schwester Marie und Katrin eintrafen, kamen auch die Schwiegereltern von oben. Der Wasserkessel summte auf dem Herd, die Kaffeemühle quietschte und der frisch aufgebrühte Bohnenkaffee duftete herrlich. Hedwig schnitt den lauwarmen Streuselkuchen an. Während sich alle lebhaft unterhielten und erzählten, konnten die Kinder ihre Erwartung bald nicht mehr zügeln. Es war schon längst dunkel draußen. Bald musste es so weit sein …

Einige Zeit später stand Hedwig unbemerkt von der Kaffeetafel auf und ging ins Weihnachtszimmer. Sie schloss leise die Tür hinter sich und schaute noch einmal nach, ob alles für jeden auch schön angeordnet war. Dabei gestand sie sich staunend und dankbar ein, nie im Leben einen solchen Gabentisch gedeckt zu haben. Es waren mittlerweile sechs Jahre seit Ende des Krieges vergangen. In den Geschäften konnte man fast alles wieder kaufen. Die große Not der Kriegs- und Nachkriegsjahre war vorbei.

Sie hatte den Tisch an beiden Enden ausgezogen: Zwölf (!) gut gefüllte Weihnachtsteller standen rundum! Dazwischen und dahinter häuften sich die Geschenke: Spielzeug und Nähkörbchen, Strickwolle und -nadeln, Pullover, warme Unterwäsche und was sonst noch jeder brauchen konnte. Ihr Blick fiel auf den Platz ihrer Ältesten. Dort lagen eine bernsteinfarbene Handtasche von der Großmutter, ein feiner Schal und zartgelbe feine Glacéhandschuhe, passend zum neuen Mantel, den Hedwig ihr genäht hatte.

Ach, das Mädchen war allzu schnell erwachsen geworden! Sie fühlte so stark mit der Tochter, aber – o der Vater! Natürlich hatte er recht, sie war noch sehr jung! Aber andere Mädchen heirateten in diesem Alter schon. Wieder kam die Sorge in ihr hoch. Wenn das heute Abend nur gut ging!

Hedwig zündete die Kerzen an, schaute einen Augenblick in den stillen Glanz, dann löschte sie die Lampe und öffnete die Tür zum Flur weit. Silbern begann das Glöckchen zu läuten …

In der Küche wurde es still. Da ging die Tür einen Spaltbreit auf, dann ganz, und jetzt drängten die Kinder heraus, die Kleinen zuerst, die Gäste, die Großeltern … Das Glöckchen klang leise aus …

Der Vater nahm die Gitarre und stimmte „Ihr Kinderlein kommet“ an. Die kleinen und die großen Stimmen fielen laut ein. Ein Lied nach dem anderen erklang von alten und von kindlichen Stimmen … Vater las die Weihnachtsgeschichte, die so alt und doch ewig jung ist, denn: „Euch ist heute der Heiland geboren!“

Alle schauten traumbefangen in das stille Flackern der Kerzen, das zarte silbrige Glitzern und Schimmern von Kugeln und Lametta … Bald aber ließen sich die Kleinen kaum noch halten, denn da stand ein Tisch voll schöner Dinge!

Mitten im Trubel und Austausch von Geschenken sah Hedwig, wie der Vater zu seiner Ältesten ging, sie in die Arme nahm und ihr frohe Weihnachten wünschte. Und sie erriet mehr, als sie die Worte verstand, dass er sagte: „Ihr könnt morgen den Onkel und die Tante besuchen gehen!“

Ein Mädchengesicht leuchtete auf, und von der Mutter Herz fiel eine schwere Last: o Ilse, mein Kind!

Alles, alles würde gut werden! Es war Weihnachten, das Fest der Freude und des Friedens …

Als das Haus schlief, saß Hedwig noch eine Weile allein im Weihnachtszimmer. Die Mühe des Tages war vergessen, Dankbarkeit erfüllte ihr Herz. Es war gar nicht so leicht, eine so große, lebhafte Familie zu versorgen. Aber es war schön, überhaupt Familie zu haben und Mutter zu sein. Und darin war sie glücklich. Glücklich auch, wenn ein Fest wie dieses trotz all der vielen Arbeit gut gelang.

Weihnachtsstille breitete sich in ihr aus, Weihnachtsduft und völlige Ruhe um sie her – die Ruhe, um die unsere Mutter in unserer großen, turbulenten Familie sonst so oft bitten musste.

Der Weihnachtsengel

1953

Meine jüngsten Schwestern waren noch im Kindergartenalter, als ich selbst schon neunzehn war.

Am Tage vor der alljährlichen Weihnachtsfeier brachte ich sie am Morgen zum Kindergarten. Schwester Marianne, die damalige Erzieherin, war umringt von einigen Frauen und klagte ihnen ihre Not. Sie gab sich jedes Jahr in der Vorweihnachtszeit sehr viel Mühe mit den Kindern, brachte ihnen Lieder, Gedichte und kurze Stücke bei, und die Weihnachtsfeiern mit den Eltern waren immer bemerkenswert.

Aus dem Nachbarort kam jedes Jahr eine große und beleibte ältere Ordensschwester, die den würdigen heiligen Nikolaus und polternden Knecht Ruprecht in einer Person spielte, eine kleinere, zierliche Schwester stand ihr als Weihnachtsengel zur Seite.

„Gestern Abend hat sie angerufen", erzählte Schwester Marianne besorgt, „die Schwester musste heute Morgen mit Fieber ins Bett. Wo kriege ich jetzt auf die Schnelle einen Weihnachtsengel her?" Sie legte ratlos die Hand an die Wange.

Die Frauen schauten einander an. Ja, da war guter Rat teuer. Bereits morgen sollte die Weihnachtsfeier starten!

Plötzlich schaute Schwester Marianne mich von oben bis unten an und meinte: „Du, Ilse, du könntest doch den Weihnachtsengel spielen? Du hast so schöne lange Haare!"

Sie umrundete mich und betrachtete meine doppelt gelegte Haarkrone auf dem Kopf.

Ich erschrak: „Ich – nein, nein –, das kann ich nicht! Ich weiß überhaupt nicht, wie ich das machen muss! Nein – und bis morgen ist das ja sowieso unmöglich!"

„Ach was!", sie winkte energisch ab. „Du musst auch gar nichts auswendig lernen. Du bekommst einfach das dicke Buch in die Hand und liest nur ab, was da drinsteht!"

Die Frauen waren inzwischen gegangen und Susi betrat den Kindergarten, um ihren kleinen Neffen zu bringen. Susi war katholisch und wäre doch sicher viel eher verpflichtet gewesen, als Weihnachtsengel einzuspringen.

Ein dicker Stein fiel mir von der Seele und ich sagte: „Die Susi kann das viel besser machen!" Und dann: „Außerdem würden unsere Kleinen mich doch sofort erkennen! *Sofort!*"

„Ach was!", sagte die Schwester wieder. „Die erkennen dich nicht."

Susi aber brachte ihre Erklärungen vor, weshalb sie am nächsten Tag unabkömmlich sei, und beteuerte: „Ich würde es sonst sehr, sehr gerne tun!"

Man ahnt – es blieb an mir hängen. Irgendwann konnte ich nicht mehr Nein sagen. Ich konnte doch nicht die ganze Weihnachtsfeier platzen lassen!

Und so stand ich am nächsten Tag, nachdem ich unsere

Zwillinge abgegeben hatte, im Raum nebenan, wo eine Schwester letzte Hand an den dicken Nikolaus legte und mir mein Engelgewand zeigte: ein sehr weites weißes Kleid aus dickem Biber, das überall zu lang und zu weit war. Die Ärmel wurden zweimal umgeschlagen und ein geschlungener Gürtel hielt das hochgezupfte Kleid in meiner Taille fest.

Ich bekam ein Paar weiße „Schnabelschuhe", deren Absätze Garnröllchen ziemlich ähnlich sahen. Sie waren mit brüchig gewordenem Weißlack gestrichen und sahen aus, als wären sie Jahrhunderte alt. Ich zwängte meine Füße in die Weihnachtsschuhe, löste meine Zöpfe und kämmte mein hüftlanges dunkelblondes Haar. Dann legte mir die Schwester ein „goldenes" Stirnband um, an dem vorne ein goldener Stern prangte. Ein paar größere und kleinere Goldsterne steckte sie da und dort am Kleid fest. Ich war in einen „richtigen" Engel verwandelt.

Mein Herz klopfte heftig, als ich mit dem dicken, großen Buch in den Armen hinter dem mächtigen Nikolaus mit Bischofsstab den vollen Kindergartenraum betrat. Auf einem großen, niedrigen Tisch stand seit Wochen die große Weihnachtskrippe, die jedoch von keinem Kind berührt werden durfte. Alles war festlich mit viel Tannengrün geschmückt, der mächtige Eisenofen bullerte und es war mollig warm.

Um die siebzig Kinder saßen eng zusammengerückt auf ihren Stühlchen im dreifachen Halbkreis. Hinter ihnen standen Mütter, ein paar Väter und Omas, vor ihnen der heilige Nikolaus und der Weihnachtsengel.

Die Kinder starrten uns fremde himmlische Wesen von

der Tiefe ihrer Stühlchen herauf an – angsterfüllt, „hochachtungsvoll“ und voller Bewunderung und Erwartung. Drei Schritte vor mir blickten unsere Zwillinge mit kugelrunden Augen und offenen Mündern zu uns empor. Zu *mir* empor!

Der heilige Nikolaus machte seine Sache gut, sprach mit tiefer, lauter und Ehrfurcht gebietender Stimme und stampfte drohend mit seinem Bischofsstab auf den Holzfußboden. Er schaute in sein dickes Buch – und die Kinder schluckten, wenn der heilige Mann ihnen ihre Schandtaten auf den Kopf zusagte!

„Wo ist der Kurti? – Wasss habe ich da zu hören bekommen?“

Wie konnte er das nur alles wissen? Alles aufgeschrieben in den himmlischen Büchern? Oh – sie versprachen, in Zukunft sehr brav zu sein! Ja, ganz bestimmt! Und sie schluckten, wenn sie aufgerufen wurden, traten vor und sagten mit zitternden Stimmchen und demütig geneigten Köpfen, aber sehr, sehr tapfer ihre Verse auf, sangen aufschnupfend ihre Liedchen. Und ich „flötete“ mit Engelsstimme dazwischen, wie mir das dicke Buch zu sprechen vorgab. Alles perfekt. Es gab keine Pannen.

Am Ende zog der Nikolaus die ersten Spielsachen aus dem Sack, nachdem er erklärt hatte, dass die Kinder die Geschenke, wie sie wohl wüssten, ja eigentlich gar nicht verdient hatten. Aber – wieder stampfte er furchterregend mit seinem Stab – er wollte noch einmal Gnade vor Recht ergehen lassen.

Tiefes Aufatmen – sie waren alle noch einmal davongekommen. Der Nikolaus befahl, die großen Kisten, die noch vor der Tür standen, hereinzubringen und die Geschenke an die Kinder zu verteilen. Ein Name nach dem anderen wurde aufgerufen, jedes bekam etwas, das letzte Lied klang wie erlöst und sehr laut, tief überzeugt:

„Niklaus ist ein guter Mann, dem man nicht g'nug danken kann …"

Dann sahen sie nur noch ihre Geschenke und bemerkten nicht einmal mehr, dass der heilige Mann und der Weihnachtsengel dem Raum vornehm entschwebten …

Nach einer Weile stand ich – in ein irdisches Wesen zurückverwandelt – bei unseren Zwillingen und bewunderte ihre Geschenke: Einige Männer des Dorfes hatten für alle Mädchen kleine Puppenbettchen gesägt und geleimt. Die Mütter hatten kleine Kissen, Decken und Matratzen genäht und Schwester Marianne die Püppchen besorgt. Natürlich waren auch die Buben nicht leer ausgegangen. Auch für sie war gesägt, geleimt und gebastelt worden.

Dann war auch diese Weihnachtsfeier zu Ende und wir gingen nach Hause. Die Zwillinge stürmten die Treppe hinauf und zu Mama in die Küche. Während sie ihre Bettchen zeigten, überschlugen sich ihre hellen Stimmen fast. Beide sprachen gleichzeitig und versuchten, alles Wichtige zu erzählen: Vom Nikolaus, der einem „richtig Angst machen" konnte und –

„Und der Weihnachtsengel", rief eine von ihnen, „der Weihnachtsengel hatte ein langes weißes Kleid an mit lauter goldenen Sternen drauf und eine goldene Krone" – ein bewundernder Blick traf mich aus vier großen Augen, zwei kleine Zeigefinger wiesen starr auf mich – „und er hatte Haare, ganz lange schöne Haare, *genau* wie unsere Ilse!", was die andere lautstark bestätigte: „Ja – *genau* wie unsere Ilse!"

Selige Kinderzeit, selige Weihnachtszeit – wie lang, wie lang ist das her …

„Ob er kommen wird ...?“

1960 / 2004

2004. Während ich die letzten Handgriffe im Weihnachtszimmer tat, wanderten meine Gedanken zurück zu früheren Weihnachtsfesten …

Wie hatten wir uns immer darauf gefreut, mein Mann, die Kinder und ich. Allein schon der Plätzchenduft, der an manchen Tagen und Abenden durchs Haus zog!

Und es gab unvergessliche Heiligabende. Manchmal waren die Kinder überwältigt und wir Eltern mit ihnen. Manchmal hatte das „Wunder der Weihnacht“ uns neu ergriffen. Das stellte sich nicht automatisch ein: Es geschah uns … Manchmal … Aber es gab auch in diesen fünfzig Jahren unsrer Ehe Weihnachtsfeste, die auf eine andere Weise unvergesslich blieben: Jenes Fest, als meine Schwester schwer an Krebs erkrankt war und bald danach starb … Oder als ich zwei, drei Tage vor Heiligabend mit einem schmerzenden Hexenschuss und Wärmflasche ins Bett musste. Der Heilige Abend war dennoch gekommen und gegangen, feierlich und „wie es sich gehört“.

Heute aber stand mir ein anderes, fast schon vergessenes

Weihnachtsfest mit seltener Klarheit vor Augen, und ich konnte an nichts anderes mehr denken. Es lag mehr als vierzig Jahre zurück …

1960. Mein Mann befand sich mit Tuberkulose in der Klinik. Man hatte kein Telefon damals, kein Auto …

Jeden Mittwoch und jeden Sonntag fuhr ich mit dem Zug in die Stadt und nahm den Bus zur Heilstätte. Es roch dort auf den Gängen und in den Zimmern immer schlecht nach irgendwelchen Chemikalien. Einen Aufenthaltsraum oder ein Besuchszimmer, wohin man sich ein wenig hätte zurückziehen können, gab es nicht.

Wenn das Wetter gut war, gingen wir spazieren, Arm in Arm, hielten einander warm, und besprachen, was es zu besprechen gab. Jetzt im Dezember aber war es nasskalt, die Wege waren matschig und teils vereist.

Manchmal fühlte ich mich am Ende meiner Kraft. Seit sechs Monaten kam ich hierher. Und nächste Woche war Heiligabend …

„Denkst du, du darfst bald nach Hause?“, fragte ich verzagt.

Mein Mann hob die Schultern: „Ich habe gestern noch einmal gefragt, aber die Ärztin meinte, ich würde besser noch ein Vierteljahr bleiben.“

„Aber – wie steht es mit deiner Lunge?“

„Du weißt, sie sagen einem nicht viel. Letzthin meinte Dr. Braun, die Heilung habe gute Fortschritte gemacht. Aber was die Entlassung betrifft, hüllt auch er sich in Schweigen.“

„Meinst du, sie beurlauben dich an Weihnachten vielleicht für ein paar Tage?“

Auch das wusste er nicht.

Ich verließ an diesem dunklen Dezemberabend bedrückt die Klinik. Noch einmal ein ganzes Vierteljahr? War die Krankheit vielleicht doch schlimmer gewesen, als wir wussten? Wie sollte es denn bloß weitergehen?

Dennoch wollte ich an die Kinder denken und ihnen trotz allem ein schönes Weihnachtsfest bereiten. Und wer weiß – vielleicht würde man ihrem Papa wenigstens zwei, drei Tage zum Fest freigeben. Wer weiß?

Ich versuchte tapfer zu sein und bereitete das Fest vor, backte Plätzchen und Kuchen, kaufte ein, packte die Päckchen – viel gab es in dieser Zeit nicht – und schmückte den Weihnachtsbaum.

Es war Weihnachten, das Fest der Hoffnung und der Freude, das Fest der Lichter und der trauten Lieder! Auch die Kinder fieberten dem Heiligen Abend entgegen … Aber – ob Papa kommen würde …?

Endlich war der Heilige Abend da. Als es kurz nach Mittag schellte, öffnete ich die Haustür – und hielt den Atem an: Dann fielen wir uns in die Arme und hielten einander lange fest. Er war da, er war wirklich da! Aber für wie lange?

„Ach", sagte ich, erleichtert und ängstlich zugleich und zog ihn in die Küche, „bis wann darfst du bleiben?"

Er legte die Hände auf meine Schultern, schaute mich liebevoll an und sagte: „Frau, ich bin entlassen."

Mein Mann war daheim. Zwar war der Weg noch weit, bis er wieder voll arbeitsfähig war, die Krankheit aber kam nie mehr zurück, nie mehr. Er blieb geheilt.

Vierzig Jahre, dachte ich heute, mehr als vierzig geschenkte, gesunde Jahre! So viel Grund zur Dankbarkeit! Doch niemand kann die selige Freude jener Weihnachtstage ermessen: Wir waren wieder als Familie zusammen, hatten Freude miteinander, und wir sangen fröhlich unsere Lieder.

Mir ist noch heute, als hätte der Weihnachtsbaum an jenem Heiligabend ganz besonders festlich gestrahlt und geleuchtet. Oder war es nur die große, strahlende Freude unserer Herzen, dass unser Papa wieder da war – unsere unfassbar tief empfundene Dankbarkeit zu Gott?

Weihnacht

Weihnacht –
sel'ge Zeit voll Lichterglanz und Schimmer,
wo die Stille voll der zarten Klänge

Weihnacht –
voller Hoffnung und Anbetung
auf den Flügeln lauter Lobgesänge

Weihnacht –
alle, die da hoffen, warten, bangen
neu geschenkt wird Jesus Christ

Weihnacht –
jubelnd preisen Gottes Kinder
die geschmeckt, was Gnade ist

Wunderweiche Frotteetücher

1964

Jahre kommen und gehen so schnell dahin …

Wieder stand Weihnachten vor der Tür. Eifrig kramte ich in Packpapier, Weihnachtspapier und Schleifen und Bändern aller Art. Vor mir auf dem Tisch lag eine Reihe von Geschenken, die ich schön verpacken und am nächsten Tag per Luftpost nach Kanada schicken wollte. Dort lebte Marta, die einzige Schwester meines Mannes, mit ihrer Familie.

Ich nahm jedes Geschenk in die Hand und strich darüber. Marta war lange Monate sehr krank gewesen, und noch immer nicht ganz wieder hergestellt. Deshalb freute ich mich doppelt bei dem Gedanken, ihr dieses Paket schicken zu können.

Nacheinander verpackte ich jedes Geschenk. Alle bekamen etwas. Zuletzt lagen noch sechs Frotteehandtücher vor mir. Drei in Rosa und drei in Himmelblau – klare, kräftige Pastellfarben mit einer wunderschönen Margeritenbordüre. Sie hatten mir schon im Katalog sehr gut gefallen, aber als sie ankamen, waren sie noch viel schöner gewesen, als ich erwartet hatte. Ich strich mit der Hand darüber, drückte ein weiches Handtuch gegen mein Gesicht.

Ich glaube, meine Augen leuchteten vor Freude, als ich daran dachte, sie meiner Schwägerin zu schicken. So schöne Handtücher besaß ich selbst nicht mehr! Nach fast zehn Jahren Ehe waren viele von unseren verwaschen. Und bei drei Kindern musste ich beim Kauf neuer Handtücher auch auf den Preis und nicht nur auf Schönheit schauen. Sorgfältig legte ich die Handtücher zusammen, packte das Päckchen zu Ende und schickte es am nächsten Morgen auf die Reise nach Kanada.

Der Heilige Abend kam. Zusammen mit unseren Kindern und den Schwiegereltern saßen wir im Weihnachtsglanz des Lichterbaumes, der warm und freundlich schimmerte und sangen unsre Weihnachtslieder. Wir sangen viele, um diese schönen, kostbaren Augenblicke so lange wie möglich auszudehnen. Dann bekamen zuerst die Kinder ihre Geschenke, danach die Erwachsenen. Ich packte meine Päckchen zuletzt aus.

Das Geschenk meiner Schwiegermutter war dick und weich. Neugierig öffnete ich es. Aber wie überrascht war ich: Vor mir lagen sechs Handtücher, drei in Himmelblau und drei in Rosa. Es waren „meine" Handtücher, die ich nach Kanada geschickt hatte! Wie war das nur möglich?

„Die gleichen habe ich Marta geschickt!", sagte ich immer wieder, völlig außer mir vor Staunen.

Meine Schwiegermutter aber hatte nichts davon gewusst, hatte gar nichts wissen *können*. In unserer Stadt gab es mehrere Textilgeschäfte mit Hunderten verschiedener Handtücher! Noch dazu gab es einige Kataloge, die seitenweise Handtücher anboten. Wie nur hatte sie ausgerechnet *diese* Handtücher aus *diesem* ganz bestimmten Katalog für mich kaufen können? Es war einfach nicht zu erklären! Aber unsagbar schön – meine eigentliche Weihnachtsüberraschung!

Eines Tages jedoch ging mir die Frage durch den Sinn, ob mein himmlischer Vater mich nicht an jenem Abend gesehen hatte, als ich fast sehnsüchtig das Gesicht in die schönen weichen Handtücher presste, ehe ich sie verpackte und nach Kanada schickte. Hatte er vielleicht den Blick meiner Schwiegermutter auf diese ganz bestimmte Katalogseite gelenkt und ihr zugeflüstert: „Kaufe sie, es sind die richtigen; die werden ihr gefallen!" Und sie hatte es getan?

Wie auch immer: Für mich ist die Geschichte auch heute noch eines jener vielen „kleinen Wunder" des Lebens und eine schöne, freundliche und unvergessliche Weihnachtserinnerung.

Das Überraschungsgeschenk

1973

„Bald wird wieder Weihnacht sein, schöne stille Zeit …"

Es ist trocken kalt draußen, und am liebsten bin ich jetzt bei mir zu Hause. Die Stadt ist bereits weihnachtlich geschmückt und strahlt und leuchtet hell. Noch nie war sie so schön wie in diesem Jahr: Tausende größerer und kleinerer Sterne, nebeneinander und sich überschneidend, überspannen als Lichterketten die Straßen und die Fußgängerzone, anziehend und anheimelnd.

Und doch bin ich jetzt am liebsten daheim.

Während ich mechanisch meine Arbeit tue, wandern meine Gedanken, haften hier und dort. Da steht plötzlich Onkel Heinrich vor meiner Seele, der schon so lange nicht mehr unter uns ist. Eine Erinnerung nach der anderen bricht auf, auch jenes Weihnachtsfest, als er für ein paar Tage bei uns zu Gast war.

Onkel Heinrich, 1904 geboren, war ein besonderer Mann gewesen – ich kann nur wenig hier erzählen.

Als in den Zwanzigerjahren die ersten Rundfunkempfangsgeräte – sprich Radios – auf den Markt kamen, ließ er sich als junger Mann von England die Bauteile kommen, baute Radios und verkaufte sie. Mama bekam natürlich auch eins: Es bestand noch aus zwei Geräten – Empfangsgerät und Lautsprecher. Das war der Anfang.

In den Dreißigerjahren hatte Onkel Heinrich bereits ein gut gehendes Radio- und Elektrofachgeschäft in der Saarbrücker Innenstadt. *Radio Hoffmann* war ein Begriff. Es ging ihm und Tante Ida, die mit im Geschäft war, sehr gut.

Tante Ida war eine aparte, niveauvolle Frau, mittelgroß, gertenschlank, mit blonder Aufsteckfrisur und einem feinen, schmalen Gesicht. Schon in den ersten Nachkriegsjahren fuhren sie jedes Jahr mit dem Wohnwagen mehrmals nach Italien in Urlaub. Wer von uns konnte an so etwas auch nur denken?

Im Sommer jenen Jahres kam Tante Ida ins Krankenhaus. Irgendetwas mit Galle und Leber, erklärte Onkel am Telefon. Mama und ich besuchten sie, und sie erzählte mit einem vagen Lächeln: „Vorgestern habe ich gemeint, mein letztes Stündlein hätte geschlagen. Als Heinrich kam und es hörte, sagte er: Dann hätten sie zwei beerdigen müssen! Denkt einmal!"

„Was meinte er damit?", fragte Mama, die sonst bestimmt nicht begriffsstutzig war.

„Ja – dann hätten sie zwei beerdigen müssen!"

Wenige Tage später starb Tante Ida tatsächlich. Da erst erfuhren ihr Mann und auch wir, dass sie an Leberkrebs gelitten hatte. Ich fuhr mit Mama am nächsten Morgen zu ihrem Bruder, um zu sehen, wie wir ihm helfen könnten.

Wir ahnten nicht, dass Onkel Heinrich inzwischen versucht hatte, sich mit Schlaftabletten das Leben zu nehmen. Ein plötzlicher Schlaganfall und einiges mehr trugen dazu bei, dass er gerettet werden konnte. Er war noch eine Weile im Krankenhaus, kam zur Reha, und konnte dann bei meinen Eltern ein Zimmer beziehen. Denn was sollte er jetzt allein mit dieser großen Wohnung anfangen? Er war wieder ganz hergestellt, konnte sprechen, laufen und seine Hände gebrauchen. Keiner hätte ihm einen Schlaganfall angemerkt. Das war im Frühsommer und Herbst jenen Jahres.

Ich freute mich, als er meine Einladung zu den Feiertagen annahm. Es gab so vieles, was ich ihn gerne über ihn und sein Leben gefragt hätte, und es ergaben sich auch gute, wertvolle Gespräche zwischen uns.

Es wurde ein besonderes, schönes und frohes Weihnachtsfest, einfach weil Onkel Heinrich mit dabei war. Wir saßen zusammen beim Lichterbaum und sangen mit größerer Freude als sonst all unsere Lieder. Unsere Kinder strahlten ihren Großonkel an. Geschenke wurden ausgetauscht – und auch ich legte ein Geschenk in Onkel Heinrichs Hände. Noch ehe er es auspackte, verließ er das Zimmer, kam aber bald wieder zurück und reichte *mir* ein Geschenk.

„Für mich?", fragte ich erstaunt.

„Mach's auf!" Er war ganz ernst und schaute mir zu, als ich das Papier rund ums Geschenk aufriss: Ich hielt einen bronzenen Kerzenhalter in der Hand, der eine ganz besondere Form hatte.

„Sie hing so sehr an dem Stück!" Er lachte tonlos verhalten.

„Ich habe ihn mal von einer Auslandsreise für sie mitgebracht.“

Ich war tief gerührt: Onkel Heinrich war vor zwei Monaten aus seiner großen Mehrzimmerwohnung in das schon möblierte Zimmer bei meinen Eltern gezogen, wo er gar nicht viel hatte unterbringen können. Aber diesen Kerzenhalter, den Tante Ida geliebt hatte, den hatte er mitgenommen? Und jetzt schenkte er ihn mir?

Onkel Heinrich beteuerte, er sei nicht viel wert. Aber in meinen Augen war er ein ganz besonderes Weihnachtsgeschenk. Auch war er viel mehr als nur ein Andenken an Tante Ida und Onkel Heinrich. Er war die Erinnerung an eine große Liebe, die ein Leben lang galt. Mein alter Onkel hatte seine Frau so geliebt, dass er nicht mehr ohne sie weiterleben wollte. Unter Tränen hatte er den langen Abschiedsbrief an meine Mutter geschrieben – die Tinte war an manchen Stellen von Tränen verwischt. Doch Gott hatte ihn dort am Tisch gesehen, hatte seine Tränen gesehen und hatte es wohl anders mit ihm geplant: Er war gerettet worden …

Das alles lag in diesem Geschenk. Dass er bei uns war, mit uns am Tisch saß, diese Tage mit uns teilte, hatte jenes Weihnachtsfest für uns und unsere Kinder zu einem besonders schönen und fröhlichen Fest gemacht. Und Onkel Heinrich lebte noch volle zehn Jahre.

Weihnachten – ein Fest voller Überraschungen und Erinnerungen.

Weihnachten – ein Fest voller Freude und Liebe und Lobgesang.

Weihnachten – das Fest jenes großen Wunders der Heiligen Nacht – Christus der Retter kommt in die Welt!

Und das Fest der kleinen Wunder, der Liebe und der vielen zärtlichen Dinge.

Das alles ist Weihnachten!

Ein unerklärliches Sehnen

Es ist doch etwas Seltsames um Advent und Weihnachten,
eine veränderte Atmosphäre,
alles ist auf Weihnachten hin ausgerichtet.

Nicht primär, was krieg ich, was schenk ich.
Es ist mehr:
eine unerklärliche, tiefe Sehnsucht,
dass sich etwas einstellen möge.
Schöne Gefühle? Kinderseligkeit?
Freude? Geborgenheit?
Etwas erhebend Schönes?

Oder einfach ein ganz tiefes, weiches Heimweh?

„Und der Engel sprach zu ihnen:
Fürchtet euch nicht!
Siehe, ich verkündige euch große Freude,
die allem Volk widerfahren wird;
denn euch ist heute der Heiland geboren,
welcher ist Christus, der Herr, in der Stadt Davids.
Ihr werdet finden das Kind in Windeln gewickelt
Und in einer Krippe liegen."

Lukas 2,10–11

Silvesternächte

1990 / 1991

Nach altchristlicher Tradition zieht sich die Weihnachtszeit vom ersten Advent über Weihnachten, Silvester und Neujahr bis zum Dreikönigstag hin.

So halten wir es auch in der Familie. Wir dehnen – wie es in vielen Gegenden geschieht – die Weihnachtszeit bis in den Januar aus. Wir machen Besuche und empfangen Besuch, es ist gemütlich und der Weihnachtsbaum brennt noch immer …

Der „Weihnacht" folgen die zwölf „Raunächte". Man glaubte in alten Zeiten, dass nach der „geweihten Nacht", dem 24. Dezember, in den Nächten vom 25. Dezember bis 5. Januar das Geisterreich offen stehe, haarige, raue Dämonen und die Seelen von Verstorbenen Umzüge halten, umgehen und ihr Wesen bzw. Unwesen an Menschen und Vieh, in Häusern, Ställen und Gehöften treiben.

Überhaupt haftet diesen Nächten manches Mystisch-Mythologische an wie auch viel Aberglaube und Dämonenfurcht. Dies hat sich teilweise in Alpengebieten und abgelegenen ländlichen Gegenden bis heute in seltsamen, oft fragwürdigen und magischen Bräuchen erhalten. Die Raunächte waren immer eine Zeit besonderer Ängste und Wachsamkeit gewesen. Für viele aber, die bewusster mit Gott lebten und auf ihn hofften, eine Zeit des Nachdenkens und der ernsten Gebete um Gottes Schutz und Segen.

Gerade auch in der Silvesternacht, eine Raunacht in der Mitte der Raunächte, versuchte man mit Lärm, lautem Geschrei und Getöse die bösen Geister und Dämonen zu vertreiben, die Menschen und Vieh hätten gefährlich werden können.

Aberglaube und Abwehrzauber gehen – wie man annimmt – auf jahrtausendealtes heidnisches Brauchtum zurück, möglicherweise auf germanische und vorgermanische Geisterfurcht und Abwehrbräuche. Davon geblieben sind unsere großen, lärmenden Silvesterfeuerwerke mit Böllern, Raketen, Spaß und Lachen, was – Gott sei Dank – nichts mehr mit Geisterfurcht und dem alten Aberglauben zu tun hat.

Ich erinnere mich an viele Silvesternächte meines Lebens – Nächte, die man nicht vergisst. Aber keine waren wie diese, von denen ich erzählen möchte.

Edith, meine jüngste Schwester, war vor mehr als einem Jahr an Brustkrebs operiert worden. Zuerst sah es aus, als würde alles gut werden. Sie hatte eine Chemotherapie, neue Medikamente und ein paar kleinere Eingriffe tapfer durchgestanden und war abwechselnd im Krankenhaus oder daheim gewesen.

Vor ein paar Wochen, Anfang November '90, hatten die Ärzte (nach einer Bauchspiegelung) meinem Schwager eröffnet, dass seine Frau Ostern im folgenden Jahr nicht mehr erleben würde; wahrscheinlich nicht einmal mehr Weihnachten, da alle inneren Organe befallen seien. Aber Edith lebte, und an Weihnachten durfte sie nach Hause und fühlte sich auch kräftig genug dazu.

Edith wohnte mit ihrer Familie in unserem Elternhaus, und wir trafen uns an diesem Silvesterabend bei den Eltern. Mama kochte für uns alle – es war fast schon Silvestertradition – Leberknödel in Speck-Rahm-Soße mit Sauerkraut. Bei keiner von uns sechs Töchtern schmeckten sie so wie bei Mama! Und Papa hatte einige Flaschen guten Pfälzer Riesling kalt gestellt.

Wir saßen beieinander um den großen Tisch, aßen und tranken, lachten etwas verhaltener als sonst und holten alte Erinnerungen hervor. Edith saß etwas stiller zwischen uns. Die Zeiger der Uhr rückten weiter, und kurz vor Mitternacht krachten draußen die ersten Böller. Wir zogen uns alle warm an und gingen vors Haus. Auch Edith. Es war eine glasklare, frostklirrende Sternennacht und wir fröstelten. Wir warteten auf Schnee, vielleicht kam er ja noch …

Die jungen Leute ein paar Häuser weiter ließen unter viel Lachen und frohem Geschrei die ersten Knallfrösche los. Bald zischten Böller und Raketen hoch. Mein Schwager kam aus dem Keller und brachte ein Tablett mit zwei Champagnerflaschen und Gläsern, die er bereitgestellt hatte. Da kamen nach und nach von allen Seiten die Nachbarn aus ihren Häusern und gesellten sich zu uns. Wir begrüßten einander.

Mein Schwager holte ein paar Flaschen Nachschub und seine Tochter brachte weitere Gläser herbei. Wir stellten alles auf die Kühlerhaube unseres Autos.

Die Glocken hatten zu läuten begonnen … Böller krachten, Raketen stiegen in den Nachthimmel, zerplatzten in einem Lichterregen über uns – weiß und grün und rot …

Die Champagnerkorken flubbten knallend aus den Flaschen – das neue Jahr begann gerade! Jeder stieß mit jedem an, wir umarmten einander und wünschten uns gegenseitig – lautstark und lachend, um das Feuerwerk zu übertönen – Gottes Segen! Gottes Segen: ein gutes und gesundes neues Jahr.

Und das galt ganz besonders und ganz bewusst meiner Schwester Edith, von der ja alle wussten, wie sehr krank sie war. Es war, als wären wir eine einzige große Familie, etwas, das es in dieser Weise noch nie in einer Silvesternacht gegeben hatte. Ich denke, wir alle waren sehr bewegt.

Wir alle in diesem Teil des Dorfes und der Straße stammten aus alteingesessenen Familien und kannten einander gut – seit Generationen. Wir nahmen Anteil aneinander, ob es die Geburt eines Kindes war, eine Hochzeit, eine Krankheit oder das Sterben Jüngerer und Älterer. Es hatte immer ein friedliches, harmonisches Miteinander gegeben. Aber in dieser Nacht waren wir zu einer großen Familie geworden und das war in dieser Weise wohl noch nie geschehen.

Nach einem weiteren, sehr harten Jahr, lebte Edith auch an den Feiertagen '91 noch und war an Weihnachten daheim. Ich freute mich, dass sie sich mit ihrer Familie zum zweiten

Weihnachtstag bei uns einladen ließ. Sie hatte sich ein „urdeutsches Menü“ bestellt, das ich gerne für uns alle kochte. Es begann mit einer kräftigen Rindfleischreissuppe.

Still brannten die Kerzen und wir sprachen – wie immer – angeregt miteinander. Gegen Abend merkte ich, dass ihr nicht gut war … Es war unser letztes, gemeinsames Beisammensein und Essen in unserem Hause.

Zwei Tage nach dem Fest brach sie mit einem Hirnkrampf bewusstlos zusammen und lag dann im Krankenhaus auf der Intensivstation.

Am Silvesterabend hatte sie das Bewusstsein noch nicht wiedererlangt. Mein Schwager hatte die Kinder bei seinen Eltern gelassen und saß bei Edith. Mein Mann und ich fuhren zu meinen Eltern, für die es schwer war, in ihrem hohen Alter die langwierige, tödliche Erkrankung ihrer jüngsten Tochter anzunehmen und zu verkraften.

Als wir aus dem Auto stiegen, kam Nachbar Ernst um die Ecke, um in sein Haus zu gehen. Wir begrüßten uns kurz aus ein paar Metern Entfernung und er wollte weitergehen.

„Grüß die Anita“, rief ich, denn ich wusste nicht, ob wir uns noch sehen würden, „und ein gutes, gesundes neues Jahr für euch!“

Er drehte sich halb um und schaute mich ernst an: „Wenn's nur auch ein gesundes Jahr für die Edith wird!“

Er schlug die Hand vor den Mund, seufzte hörbar und – war um die Ecke, als hätte er Angst, die Fassung zu verlieren. Ich aber stand einen Augenblick bestürzt da, denn das hatte ich nicht erwartet. So stark trugen die Nachbarn an Ediths Erkrankung mit? So stark?

Meine Mutter hatte – selbstverständlich! – Leberknödel und Sauerkraut vorbereitet und wir freuten uns schon darauf und auf Papas Riesling. Aber es war sehr still zwischen uns vieren. Unsre Herzen und unsere Gebete waren bei Edith und ihrem Mann.

Als ich kurz vor Mitternacht das Fenster einen Augenblick öffnete und hinausschaute, war die Straße wie ausgestorben, niemand war zu sehen. Auch keine Kinder oder jungen Leute. Es war ganz still draußen, auch als ich später wieder hinausschaute. Alle Nachbarn waren in den Häusern geblieben. Aus den anderen Straßen hörte man entfernt die Böller krachen, aber nicht in unserer.

So trug nicht nur Ernst, sondern die ganze Nachbarschaft mit meiner Schwester und uns allen? Ich war sehr bewegt, mehr als sich sagen lässt.

Meine Schwester Edith starb am 15. März 1992, trotz der vielen Gebete über lange Zeit. Sie war erst dreiundvierzig und hatte Mann und drei heiß geliebte Kinder – der Jüngste nur dreizehn Jahre alt. Dennoch fand sie in den letzten Wochen ein stilles Ja zu ihrem Heimgang und traf Anordnungen für ihre Beerdigung: ein weißer Sarg sollte es sein mit roten Rosen. Keine schwarzen Kleider, keine traurigen – nur fröhliche Lieder. Sie bekam das alles – und einiges mehr.

Diese beiden Silvesternächte zählen zu den berührendsten Silvesternächten meines Lebens. Das fröhliche, hoffnungsvolle Aneinanderklingen der Champagnergläser, die warmen, herzlichen Umarmungen vor einem Jahr.

Das fröhliche Stimmengewirr, mein besorgter Blick auf das bleiche Gesicht meiner todkranken Schwester.

Und das völlig schweigende Mittragen aller Nachbarn in dieser letzten Silvesternacht.

Ich werde diese beiden Silvesternächte nie vergessen und nie all die lieben, freundlichen Männer und Frauen, unsere Nachbarn, die damals, 1990, bei uns und um uns waren: Ernst und Anita, Hilde und Peter, Brigitte und Urban, Werner und Paula, Ursula, wir selbst und einige mehr.

Weihnacht –
es muss doch etwas dran sein

Zu Betlehem in dieser Nacht

Am Morgen ging die Sonne auf,
wie sonst an jedem Tag,
der Tag nahm seinen Tageslauf
mit Arbeit, Müh und Plag'.

Am Abend ging die Sonne unter,
man legte sich zur Ruh,
in einem Stall nur war man munter,
da trug sich etwas zu.

Im Stall, da ward ein Kind geboren
von einer Frau, ganz jung.
Zwei Menschen blickten traumverloren
und war'n vor Staunen stumm.

Der Mond, er stand im Sternenrunde,
der Himmel tat sich auf,
und Engel brachten frohe Kunde,
und sangen laut zuhauf …

Zu Betlehem in dieser Nacht,
ist Christus uns geboren,
der allem Volk zum Heil gemacht,
damit wir nicht verloren.

Die Botschaft ging von Mund zu Munde
und Menschen wurden froh.
Und wer noch heut vernimmt die Kunde,
dem geht es ebenso.

Dem geht die Sonne leuchtend auf,
froh wird das Herz und weit,
der schaut in seinem Erdenlauf
schon Gottes Herrlichkeit.

Weiße Rüben im Advent

Frauenabend im Advent 1990

Wir saßen im Schein der Kerzen, es duftete nach Tannengrün und Weihnachtsplätzchen, denn wir, die Frauen der Gemeinde, feierten Advent. Ich hatte mein Thema beendet, wir sangen miteinander, und jetzt kam der gemütliche Teil.

Die Frauen hatten Tee und Punsch in Thermoskannen vorbereitet; eine hob den Zeigefinger und rief: „Ganz ohne Alkohol!“ Und er schmeckte „ganz ohne Alkohol“ überraschend gut. Bald waren wir am Knabbern und Erzählen.

Und es war seltsam, aber jede von uns hatte in diesen Tagen irgendwas Nettes erlebt. Nur Hannelore saß heute Abend sehr still unter uns. Roselinde, neu in unserem Kreis, war erst vor wenigen Tagen aus dem Krankenhaus entlassen worden. Jetzt erzählte sie, welche Ängste sie dort ausgestanden hatte. Man behielt sie dort, ließ sie gar nicht erst nach Hause gehen. Die Ärzte schickten nach dem Eingriff eine Gewebeprobe ein, sie schlossen Krebs nicht aus. Groß und beunruhigend stand ihr dieses Gespenst gegenüber. Die Gedanken rotierten, Ängste wuchsen – aber was tun?

„An einem Tag“, so erzählte sie, „mein Mann war gerade

gegangen und ich fühlte mich todunglücklich, da klopfte es. Lore und Gudrun standen im Türrahmen. Sie hatten einen anderen Besuch gemacht und draußen meinen Mann getroffen. Jetzt waren sie da, stellten Fragen und versuchten mich zu trösten. Es tat mir so gut, reden zu können. Doch bevor sie gingen, fragten sie, ob sie mit mir beten dürften."

Roselinde schaute von einer zur anderen. „Ich kann euch gar nicht sagen, was mir das an dem Tag bedeutete. Sie beteten beide mit mir und gingen wieder. Ich aber fühlte mich innerlich so getröstet, obwohl das Untersuchungsergebnis noch ausstand. Es kam erst drei Tage später – und alles ist gut, ich habe keinen Krebs! Ich bin entlassen."

Wir alle atmeten erleichtert auf und freuten uns mit Roselinde.

Jetzt schaute Hannelore in die Runde und sagte leise, wie es ihre Art ist: „Ich habe diese Woche auch etwas erlebt – eine ganz merkwürdige Geschichte."

Wieder blickte sie uns alle an. „Ich weiß nicht, aber – vielleicht war es Gottes Führung?"

Jetzt waren wir natürlich alle neugierig. Was mochte sie erlebt haben, dass sie so nachdenklich, so fragend und dabei so in sich gekehrt wirkt?

„Erzähl", klang es von allen Seiten. Und dann waren wir ganz Ohr, denn Hannelore sprach leise und so, als hätte sie das Erlebte noch immer nicht recht begriffen.

„Vor ein paar Tagen", so erzählte sie, „als ich morgens meine stille Zeit beendet hatte, dachte ich, dass ich bis Mittag noch ein paar Stunden Zeit hätte und eigentlich Frau Schmidt oder die alte Meta besuchen könnte."

Hannelore war neunundvierzig und sie kümmert sich rührend um ein paar alte Leute in ihrem Dorf.

„Aber die beiden Frauen wohnen ziemlich weit voneinander entfernt, und so dachte ich: *Ich kann nur die eine oder die andere besuchen. Aber wen? Ach, ich besuche die alte Meta.*

Unterwegs traf ich Herrn Schmidt, und er sagte mir, dass seine Frau gar nicht daheim sei. *Na,* dachte ich, *dann ist es ja wohl richtig, dass ich heute die Meta besuche. Aber was mache ich? Ich habe gar nichts in der Tasche, was ich ihr mitbringen könnte.* Sonst", erklärte sie uns, „habe ich nämlich immer eine Kleinigkeit dabei oder etwas zum Lesen. *Ach,* dachte ich, *geh zurück und schau, ob du vielleicht ein paar weiße Rüben bekommst.* Ich ging also ein paar Schritte zurück zum Kaufmann und fragte, ob sie zufällig weiße Rüben hätten.

‚Ja', sagte die Frau, ‚ganz frisch heute Morgen bekommen.' Ich fragte nach dem Preis und kaufte drei Pfund."

Wir hörten gespannt zu. Weiße Rüben als Mitbringsel in der Adventszeit ist schon ein bisschen ungewöhnlich, oder?

„Aber", erzählte Hannelore weiter, „als ich so weiterging, dachte ich: *Du kannst doch der Meta nicht mit weißen Rüben kommen! Das ist doch kein Geschenk! Weiße Rüben für 2,30 DM das Kilo! Und das im Advent!* Es ließ mir keine Ruhe: Wieso hatte ich ausgerechnet weiße Rüben gekauft, fragte ich mich immer wieder. Dann war ich dort, die Tochter war zufällig auch da, und wir redeten miteinander. Ich aber dachte unentwegt an die weißen Rüben in meiner Tasche, aber ich wagte nicht, sie der alten Frau anzubieten. Nach einer Zeit verabschiedete ich mich und wollte mitsamt meinen weißen Rüben wieder nach Hause gehen. Doch an der Haustür drehte ich mich plötzlich um und fragte verzagt: Meta, würden Sie mal gern … weiße Rüben essen?"

Hannelore biss sich auf die Unterlippe und sagte dann bewegt: „Da fing die alte Frau plötzlich an zu weinen und rief: ‚Aber wie kommen Sie denn bloß auf weiße Rüben? Gerade vor ein paar Tagen habe ich zu meiner Tochter gesagt, ich würde so gern noch einmal weiße Rüben essen. Wissen Sie, die haben wir früher in Rumänien so oft gekocht. Aber hier kriegt man sie ja kaum irgendwo zu kaufen. Und jetzt kommen Sie und bringen mir weiße Rüben?' – Ihr könnt euch vorstellen: Ich traute meinen Ohren nicht!"

Wieder schaute Hannelore in die Runde, dann meinte sie leise: „Ich weiß nicht, ich kann bis heute nicht sagen, wie ich auf weiße Rüben gekommen bin. Wir selbst essen überhaupt keine weißen Rüben! Und ich habe doch gar nichts von dem Gespräch mit der Tochter gewusst!"

Wir alle waren gerührt von Hannelores kleiner Geschichte. Die Kerzen flackerten still … Wir redeten und erzählten, während die Gebäckschalen und Häppchen immer wieder rumgereicht wurden.

Hannelore setzte sich für ein Weilchen neben mich, dann fragte sie vorsichtig und leise: „Oder denkst du, dass es vielleicht Gottes Führung war? Dass Gott mich vielleicht geleitet hat, an dem Tag zur Meta zu gehen und ihr weiße Rüben zu bringen? So was gibt es ja, ich habe schon Ähnliches gelesen. Aber sollte Gott *mich* geleitet haben, das zu tun?"

Ich schaute mir meine Schwestern wieder einmal der Reihe nach an: Alle machten und machen ihre Erfahrungen mit dem Herrn. Auf ganz unterschiedliche Weise. Und wir alle haben das Staunen noch nicht verlernt.

Ich lächelte und erzählte ihr, was Hudson Taylor, der berühmte China-Missionar, einmal gesagt hatte:

„Wir werden von Gott geführt, auch wenn wir es gar nicht merken."

Doch es ist ein großes Glücksempfinden, im Nachhinein zu entdecken, dass Gott uns – mich – inspirieren, leiten und führen konnte – und ohne dass wir etwas von seinem Führen geahnt haben. Auch wenn es nur das wäre, einer alten, gebrechlichen Frau weiße Rüben zu bringen – als Mitbringsel und Geschenk – *mitten im Advent!*

„Ich wünsch' mir nur eins …"

1991

Ihr Wunschzettel war dieses Jahr schnell geschrieben, das heißt, sie brauchte ihn gar nicht zu schreiben. Es gab nicht viel, was sie sich wünschte, nur …
„Ich wünsch' mir nur eins", sagte sie – und es klang ein bisschen wehmütig –, „ein bisschen mehr Zeit und Ruhe zu haben!"

Frank rührte in seiner Tasse und lächelte vor sich hin.

„Ein bisschen mehr Zeit und Ruhe? – Das scheint alljährlich der größte Wunsch von euch Frauen in der Weihnachtszeit zu sein", meinte er, zog die Brauen hoch und strich Honig auf sein Butterbrötchen.

„Ausgerechnet in der Weihnachtszeit", fügte er hinzu und hob den Zeigefinger. Er brauchte gar nicht groß nachzudenken, er wusste, wie es jedes Jahr ablief: Sie backte Abende lang Plätzchen, fuhr „hundertmal" in die Stadt, um einzukaufen, und sie beklagte sich, dass die Zeit viel zu kurz sei, um für fünf Kinder, vier Schwiegerkinder und neun Enkel einzukaufen, Päckchen zu packen, die Wohnung weihnachtlich zu schmücken und auf Hochglanz zu bringen – ach du liebe Zeit!

Nikolausabend und Weihnachten und all die Adventssonntage dazwischen würden die Kinder da sein – zumindest ein Teil von ihnen, denn schließlich waren sie hier zu Hause. So musste es sein.

So wollte sie es ja auch haben. Denn ohne ihre Kinder war das alles ganz undenkbar. Aber –

„Das schaff ich nie!“, meinte sie an diesem Morgen verzagt. „Ich bin nicht mehr die Jüngste!“

Frank zog die Brauen hoch und schaute sie an: „Na, mach dir doch keinen solchen Stress, du! Eigentlich seid ihr Frauen doch selbst schuld an dem ganzen Rummel, oder!“

Karin schluckte, schaute auf ihren Teller, in das flackernde Flämmchen der Kerze auf dem Tisch und meinte lakonisch: „Du – du hast gut reden!“

Und damit war das Gespräch zu Ende.

Karin backte – wie jedes Jahr – schon für den Nikolausabend. Plätzchenduft durchzog warm das Haus, und wenn auch nicht alle an diesem Abend kamen, so war das Haus doch voll. Und für die anderen standen die gut gefüllten Nikolaustüten zum Abholen bereit. Am nächsten Morgen trat sie verschlafen in die Küche und ihr war plötzlich, als stürze alles über ihr zusammen:

„Das schaff ich nie“, klagte sie wieder und ließ sich verzweifelt auf den nächsten Stuhl fallen. Was war nur mit ihr los?

„Ich bin gar nicht gut drauf! Gar nicht!“

Sie saß eine Weile unbeweglich da und horchte auf, als sie die Wohnungstür hörte.

„Susi, bist du es?“, rief sie und sprang auf, als die Schwiegertochter tränenüberströmt ins Zimmer trat.

„Was ist passiert?“

„Mein Papa, mein Papa ist …“, sie weinte in ihr Taschentuch.

Karin nahm sie in die Arme und strich ihr sanft über den Rücken. Auch das noch! Wohl, sein Tod kam nicht überraschend, man hatte damit rechnen müssen. Aber dass es so schnell geschah?

Leise Worte gingen hin und her, bis Susi meinte: „Ich wollte dich fragen, ob ihr nicht mit mir zur Beerdigung hinfahren könnt? Ich trau es mir gar nicht zu. Es ist einfach zu weit und Klaus muss arbeiten und die Kinder versorgen; sie müssen ja zur Schule.“

Natürlich würden sie und Frank mitkommen. Am nächsten Morgen fuhren sie, und die beiden folgenden Tage waren angefüllt mit Trauer und Tränen und Fassungslosigkeit. Dann aber bat Susis Mutter sie, noch bis zum kommenden Sonntag bei ihr zu bleiben, und sie ließen sich überreden. Alles andere war jetzt sowieso zweitrangig. Und Weihnachten?

Wer dachte jetzt noch an Weihnachten! Karin ließ alles los und – entspannte. So hatten sie mit Susis Mutter zusammen noch ein paar stille, wahrhaft besinnliche Tage, ehe sie die Heimreise antraten.

Zu Hause angekommen, betrat Karin ihre Wohnung und schaute sich um: Alles war so still, so friedlich und sie freute sich plötzlich, wieder daheim zu sein, freute sich auf die Arbeit – auf alles. Es blieben ihr keine zwei Wochen mehr bis Weihnachten, aber irgendwie würde es schon gehen. Es ging immer irgendwie!

Karin backte – weniger halt als sonst.

Karin fuhr zum Einkaufen in die Stadt, doch sie ließ sich Zeit, denn sich abhetzen brachte jetzt sowieso nichts mehr.

Sie schaute durch ihre Fenster – dreizehn Fenster, die sie hatte putzen wollen, aber das konnte sie auch nach Weihnachten noch tun. Alles nur halb so schlimm.

Sie würde auch keinen Hausputz mehr machen – wozu eigentlich? Konnte sie auch nach Weihnachten machen. Doch es war seltsam: Obwohl sie durch die Reise zur Beerdigung viel weniger Zeit hatte, schaffte sie alles: Bereits einige Tage vor Weihnachten war alles eingekauft, die Päckchen verpackt und …

Wir sitzen bei einer Tasse Tee zusammen, und sie erzählt weiter: „Ich bin immer noch ganz entspannt … Es ist fast, als hätte ein gütiger Engel meine Seele berührt und ein Wunder an mir getan. Frank und ich haben kaum je eine so schöne, friedliche Adventszeit gehabt. Schon beim Frühstück brennt die Kerze auf dem Tisch, wir haben jeden Morgen unsere stille Zeit … Nur erklären – erklären kann ich mir das alles überhaupt nicht, wo mir doch eine volle Woche Zeit fehlt.“

Ich lächle in mich hinein – denn manchmal lässt Gott auch einen so „bescheidenen" Weihnachtswunsch, wie ein bisschen mehr Zeit und Ruhe zu haben, in Erfüllung gehen. Auf stille und scheinbar unerklärliche Weise. Wie bei Karin etwa.

Vielleicht auch einmal bei Ihnen und mir?

Keine Weihnacht ohne Engel

Weihnachtlicher Frauenabend 1991

Ein kalter Dezembertag! Ich gehe durch die Stadt und sehe die weihnachtlich geschmückten Schaufenster. Verwundert denke ich: „Es gibt doch keine Weihnacht ohne Engel!“

Überall begegnen sie uns, manchmal bis zum Kitsch entartet: in Tageszeitungen, auf Warenprospekten, in den Schaufensterauslagen.

Wir kennen sie als kleine, niedliche Figuren, als Kerzenhalter, als Rauschegold- und Terrakottaengel und als Ausstechformen. Wir finden sie als Papierbildchen für den Tannenbaum, auch auf Ansichtskarten und in Kinderbüchern – man kann ihnen nicht entgehen, selbst auf dem Weihnachts-Kaffeeservice lächeln sie uns an.

Doch ich fragte mich, was das eigentlich soll? Es ist zwar eine seltsame Tatsache, dass in unserem Land mehr Menschen an die Existenz von Engeln glauben als an die Existenz Gottes. Aber viele Menschen glauben an beides nicht. Wie kommt man aber dazu, die Engel alljährlich wieder hervorzuholen und so massenhaft zu vermarkten – und auch oft zu verkitschen? Und alle nehmen es hin, alle machen mit?

Am nächsten Abend erzähle ich diese Eindrücke in unserer Frauenstunde, und wir nehmen uns das Thema vor. Ich frage:

„Gibt es Engel denn wirklich, oder sind sie nur ein Produkt menschlicher Fantasie? Und wenn es sie gibt, wie sehen sie aus? Wie kleine, pummelige Kinder mit Flügeln? Oder wie schöne Jünglinge mit wallendem goldenem Haar in weißen langen Gewändern?"

Erna hat ihren kleinen Thomas dabei, der sich lautstark meldet: „Engel sind starke Männer und haben große Schwerter!"

Alle lachen freundlich und ich sage: „Oh – wenn das so wäre, hätte ich aber richtig Angst vor Engeln!"

Und ich fahre fort: „Haben Engel Flügel? Wissen wir überhaupt etwas Sicheres von ihnen? Und was haben Engel mit Weihnachten zu tun?"

Schon sind wir im Thema und ich erkläre: „Schlägt man die Bibel auf, so ist man erstaunt, wie viele Begegnungen mit Engeln uns dort berichtet werden. Befasst man sich damit näher, entdeckt man in allen Engelgeschichten, dass Engel himmlische Wesen, das heißt Geistwesen, sind, Boten Gottes, die auf Erden seine Aufträge zu erfüllen haben, sowie helfende, schützende Wesen.

Die Schreiber der Bibel berichten uns ganz natürlich davon, als seien Engelerscheinungen nichts Außergewöhnliches, nichts, worüber man große Worte machen oder viele Erklärungen abgeben müsste. Es ist, als gingen die Schreiber davon aus, dass die Existenz von Engeln jedem bekannt ist. Auch in den Berichten des Neuen Testaments und um Weihnachten wird uns mit völliger Selbstverständlichkeit von Engeln berichtet."

Alle hören interessiert zu ... Denn es ist ein immer wieder neues Thema, worüber man gerne hört. Ich führe weiter aus:

„Lukas, der griechische Arzt, erzählt uns die Begebenheiten vor und um die Geburt Jesu am ausführlichsten. Dabei steht außer Frage, dass er ein intelligenter, gelehrter Mann war, fähig und gewohnt, wissenschaftlich zu arbeiten und den Dingen auf den Grund zu gehen. Sowohl in seinem Evangelium als auch in der Apostelgeschichte erkennt man, dass er sehr sorgfältig recherchiert und die Dinge aufgeschrieben hat.

Für ihn als an Gott und die transzendente Welt glaubenden Gelehrten waren Wunder und „wunderbare Dinge" nicht unglaubwürdig, sondern verlässlich, weil sie erfahrbar waren und erfahren wurden.

So lesen wir bei ihm wie auch bei Matthäus von Begebenheiten, die für uns, wenn wir an Gott und eine transzendente Welt glauben, heute eigentlich sehr interessant sein müssten.

Lukas erzählt uns, wie der alte Priester Zacharias im Tempel seinen Dienst tut, als ihm der Engel des Herrn erscheint. Zacharias erschrickt sehr und ihm wird ganz bange.

Der Engel aber teilt Zacharias mit, dass Gott jetzt, im Alter, seine Gebete erhört habe und ihm einen Sohn schenken wird:

Du wirst Freude und Wonne haben und viele werden sich über seine Geburt freuen.

Er sagt noch manches, und dann heißt es:

Das Volk wartete auf Zacharias und wunderte sich, dass er so lange im Tempel blieb. Als er aber herauskam, konnte er nicht mit ihnen reden; und sie merkten, dass er eine Erscheinung gehabt hatte im Tempel.

Den Menschen damals waren also Engelerscheinungen vertraut und bekannt.

Sechs Monate später erscheint der Engel Gabriel der jungen Maria im entfernten Nazareth und erklärt ihr, dass sie die Mutter des verheißenen Königs und Messias werden solle.

Maria fragt erstaunt: *Wie soll das zugehen? Ich habe doch mit keinem Mann zu tun!*

Der Engel erklärt ihr: *Gottes Geist wird über dich kommen, seine Kraft wird es bewirken. Deshalb wird man das Kind, das du zur Welt bringst, heilig und Sohn Gottes nennen.*

Das konnte Maria begreifen und – ich auch. Denn wenn Gott etwas sagt, so geschieht es. Wenn Er gebietet, so treten die Dinge in Existenz. Auch hier: Das Kind wird geboren werden – wie Gott sagte. Das konnte Maria glauben!"

Die Frauen nicken zu diesen Worten und flüstern mir leise ihre Zustimmung zu. So erzähle ich weiter …

„Nachdem Josef erfahren hat, dass Maria, seine Braut, schwanger ist, beschließt er, sie heimlich zu verlassen. Doch im Traum erscheint ihm ein Engel, der ihm klare Anweisungen gibt in dieser kritischen Situation. Er ermutigt Josef, seine Braut zu sich zu nehmen, da sie nicht gesündigt habe, sondern Mutter des verheißenen Messias werden soll: *Den sollst du Jesus nennen. Denn er wird sein Volk von aller Schuld befreien.*"

Ich schaue in die Runde und erkläre: „Zacharias und Maria hatten jeweils eine Engelerscheinung in wachem Zustand, ein reales Erlebnis, keine Vision.

Josef dagegen hatte ein Traumerlebnis. Aber auch diese Erscheinung im Traum muss so stark gewesen sein, dass Josef keinen Zweifel an der Echtheit hatte, sondern wusste, dass Gott durch einen Engel zu ihm gesprochen hat: *Als Josef erwachte, folgte er der Weisung, die ihm der Engel gegeben hatte, und nahm Maria zu sich.*

Das heißt Josef heiratet Maria.

Das Kind kommt zur Welt – allerdings anders als sich Maria und wohl auch ganz Israel die Geburt ihres Königs und Messias vorgestellt hatten: nicht in einem Königspalast oder in einem schönen Haus, sondern in einer überfüllten Herberge, wo kein Raum für Maria frei war. So wickelt sie das Kindlein in Windeln und legt es in eine Futterkrippe.

Offensichtlich aber nimmt der ganze Himmel Anteil an dem Geschehen, denn:

Mitten in der Nacht sind ein paar Hirten auf dem Feld und bewachen ihre Herden. Da geschieht plötzlich etwas Übernatürliches."

Die Geschichte nahm uns ganz neu gefangen, unsre Frauen zeigten keine Müdigkeit oder Langeweile. Sie waren noch ganz aufmerksam. Die vielen roten Kerzen flackerten leise …

Ich sagte und las, was Lukas schreibt:

„Der Engel des Herrn trat zu ihnen, und die Klarheit des Herrn leuchtete um sie; und sie fürchteten sich sehr. Und der Engel sprach zu ihnen: Fürchtet euch nicht! Siehe, ich verkündige euch große Freude, die allem Volk widerfahren wird; denn euch ist heute der Heiland geboren, welcher ist Christus, der Herr, in der Stadt Davids. Und das habt zum Zeichen: Ihr werdet finden das Kind in Windeln gewickelt und in einer Krippe liegen. Und alsbald war da bei dem Engel die Menge der himmlischen Heerscharen, die lobten Gott und sprachen: „Ehre sei Gott in der Höhe und Friede auf Erden bei den Menschen seines Wohlgefallens.

Die erschrockenen Männer wissen, dass sie soeben keine Halluzinationen gehabt, sondern eine Botschaft von Gott bekommen haben.

Lukas fährt fort:

Sie kamen eilend und fanden beide, Maria und Josef, dazu das Kind in der Krippe liegen. Und als sie es gesehen hatten, breiteten sie das Wort aus, das zu ihnen von diesem Kinde gesagt war. Und alle, vor die es kam, wunderten sich über das, was ihnen die Hirten gesagt hatten. Maria aber behielt alle diese Worte und bewegte sie in ihrem Herzen.

Bald danach erscheint der Engel des Herrn Josef wieder im Traum und befiehlt ihm, mit Maria und dem Kind nach Ägypten zu fliehen: *Denn Herodes hat vor, das Kindlein zu suchen, um es umzubringen.*

Es gibt für Josef keinen Zweifel. Er gehorcht, nimmt das Kind und die Mutter und flieht noch in derselben Nacht nach Ägypten. Dort sind sie für die nächsten Jahre in Sicherheit."

Kurzes Aufatmen, dann komme ich zum Schluss:

„Im Neuen Testament finden wir noch eine ganze Anzahl weiterer Engelbegegnungen. Aber eins ist klar und kann nicht geleugnet werden: Engel waren zu allen Zeiten in Aktion. Es sind nicht irgendwelche netten Erzählungen oder Legenden."

Ich schlage meine Bibel im Hebräerbrief (1,14) auf und lese vor:

„Die Engel sind Geister, die Gott dienen. Er schickt sie denen zu Hilfe, die gerettet werden sollen."

Dann blicke ich wieder in die Runde und erkläre, dass Engel heute noch in Aktion sind – sichtbar oder unsichtbar, helfend und schützend. Es gibt viele glaubwürdige Engelberichte auch aus unseren Zeiten.

Obwohl die Zeit hingegangen ist, sind alle putzmunter und gesprächsbereit. Und die eine und die andere erzählt von Begebenheiten, die auf Engel schließen lassen. Anders wären sie nicht erklärbar.

Und während die Kerzen brennen, die Gebäckschalen verteilt und die Häppchenplatten rumgereicht werden, sind hier gesegnete, glückliche Frauen beieinander. Und ich nehme an, dass Jesus selbst den ganzen Abend mitten unter uns war.

Als ich nach elf durch die Stadt nach Hause fahre, sind die Straßen wie ausgestorben. Es ist kalt. Spärlich fallen die ersten Flocken, überpudern Straßen und Bürgersteige, verzaubern die leuchtenden Weihnachtsbäume.

Trauliche, weihnachtlich geschmückte Zimmerfenster da und dort, hinter denen Frauen und Mütter noch die Hände regen … Vom Turm der Brauerei strahlt wie jedes Jahr ein riesiger Weihnachtsstern, der bis Dreikönig brennen wird. Die strahlenden Lichterketten über den Straßen verbreiten einen warmen Schein, während die Schaufenster schon dunkel sind.

Ich freue mich plötzlich auf Weihnachten. Ich denke an das Thema unseres Abends, an Rauschegold- und Terrakottaengel und muss lächeln. Wenn auch manches ein bisschen entartet, verkitscht und oft deplatziert wirkt, so ist das alles doch irgendwie in Ordnung. Denn sie erinnern uns selbst dann noch an das, was damals, in jener ersten Zeit und in der ersten Heiligen Nacht große und erlebte Wirklichkeit war.

Emilie – der Weihnachtsengel Gottes

1992

Dass das Wort „Engel“ von dem griechischen „angelos“ kommt, und Bote heißt, weiß heute fast jeder.

In der Bibel wird es für Boten Gottes aus der unsichtbaren Welt gebraucht, die auf Erden seine Aufträge ausführen. So kann man einen Engel vom Himmel von einem irdischen Boten sehr gut unterscheiden. Aber manchmal benutzt Gott auch Menschen, ohne dass sie es ahnen oder wissen, und macht sie zu Boten, zu „Engeln“ für andere Menschen. Und wir alle haben schon dankbar zu jemandem gesagt, der uns geraten, ermutigt oder geholfen hat: „Du bist ein Engel!“

Solch ein Engel ist auch Emilie. Man muss sie einfach kennen – sie ist ein Schatz! Ein bisschen impulsiv und spontan, doch das ist ganz okay, denn sie hat das Herz auf dem rechten Fleck.

Emilie ist privat eine begeisterte Malerin, deren vielgestaltigen Ölbilder auch auf Ausstellungen beeindrucken, und sie übt die feine Kunst des Klöppelns. Sie leitet eine Gruppe „älterer" Damen der LAB (Lebensabend-Bewegung) und hat durch ihre freundliche Art, ihre Frische, wieder neuen Schwung in die Gruppe gebracht.

Ihre Brötchen aber verdient sie als Botin an der Uni-Klinik. Und sie macht dort – wie überall – keinen Hehl aus ihrem Glauben an Gott: Sie tröstet Kranke, spricht ihnen Mut und Vertrauen zu, betet mit ihnen (wenn gewünscht) und ermutigt sie zum Beten. Das trägt ihr natürlich nicht nur Sympathien ein – sie ist durch ihr Reden und Tun überall in der Klinik bekannt.

In diesem Jahr jedoch durfte sie zum Weihnachtsengel Gottes an der Uni-Klinik werden. Sie erzählt uns davon …

„Fast im Vorbeigehen hörte ich letzthin, dass die Zweite Medizinische Klinik, an der ich arbeite, recht kurzfristig beschlossen hatte, nach einigen Jahren wieder einmal eine Weihnachtsfeier zu veranstalten. Fast sechzig Leute hatten sich schon angemeldet, und so gab der Klinikchef den Konferenzsaal frei.

Da fragte mich die Oberschwester, die mich ja gut kennt, ob ich nicht die Weihnachtsgeschichte aus dem Evangelium vorlesen wolle. Ich war ganz überrascht; das war noch nie vorgekommen, und ich hatte angenommen, dass sie die kaum würden hören wollen. Doch da hörte ich mich schon sagen: ‚Aber gerne!'"

Emilie schaut uns mit großen Augen ernst an:

„Von da an hatte ich keine Ruhe mehr, denn ich wollte die Gelegenheit nutzen, den Menschen von Jesus zu erzählen. Ich schmiedete Pläne und verwarf sie wieder. Ich bekam

Hemmungen, hatte plötzlich Angst, ich würde stottern. Ich wusste ja, dass außer dem Pflegepersonal und den Sekretärinnen fast nur Akademiker da sein würden – Ärzte mit Titeln und Professoren.

Na ja, dachte ich, *sie alle sind Menschen! Die Weihnachtsgeschichte kann ihnen nur guttun.*

Aber aus welchem Evangelium sollte ich sie nehmen?

Wo ich ging und stand, dachte ich nach, und es kamen mir auch Ideen. Ich schrieb sie immer gleich auf, damit ich nichts vergäße. Ich dachte, ich könnte den Anfang von Johannes 1 vorlesen, dann Lukas 1 und die Geburt Jesu aus Lukas 2. Aber ich merkte, es war viel zu viel.

Irgendwie schien die Oberschwester etwas zu ahnen und sie sagte: ‚Aber gell, Frau Müller, bitte *nur* die Weihnachtsgeschichte und bitte: Kein Gebet! Es soll alles nur ein paar Minuten dauern.' Und sie schaute mich dabei sehr ernst an.

‚Ja, Schwester Marlene', sagte ich, ‚nur das Evangelium; es wird bestimmt kurz!'"

Wir sitzen da und hören zu, gespannt, was noch kommen würde, während Emilie fortfährt:

„Ich nahm also die Geburtsgeschichte aus Lukas 2, strich alles andere, fügte aber 1. Korinther 13, das Hohelied der Liebe, in voller Länge an. Mein ‚Vortrag' stand fest.

Der Tag nahte, die Stunde rückte immer näher, mein Herz wollte mir fast aus dem Leibe springen! Ich betete bebend: ‚Herr hilf mir! Herr steh mir bei!' Aber – was wichtiger ist: ‚Herr, hilf, dass die Hörer etwas zu hören bekommen, das ihre harten Herzen und den akademischen Verstand anrührt und wachrüttelt!'"

Ohhh, ging es mir durchs Herz, *arme Emilie! Arme Ärzteschaft! Wo würde das nur hinführen?*

Emilie fuhr fort: „Die Oberschwester und ein paar Frauen hatten alle Hände voll zu tun, um aus dem sonst so kahlen, nüchternen Raum einen Festsaal zu machen. Tannen, Weihnachtsschmuck und Blumen verbreiteten eine gewisse Weihnachtsstimmung.

In aller Eile hatte eine der Frauen fünf Weihnachtslieder abgetippt und für alle kopiert. Für Essen und Trinken war gesorgt und Weihnachts-Musikkassetten lagen für den Rekorder bereit. Ich hatte am Morgen viel in der Klinik zu erledigen und war ziemlich abgehetzt … Und ich musste mich noch umziehen, denn gut aussehen wolle ich ja schließlich auch.

Dann kam ich in den Raum, der mit so viel Liebe und so festlich hergerichtet worden war. Jetzt aber schien alles falschzulaufen. Der Beginn der Feier hatte sich bereits um eine halbe Stunde verzögert – es war schon halb eins, da meinten einige, zuerst wolle man essen. Doch ich hatte um zwei Uhr einen dringenden Termin in der Stadt!

Ich spürte Groll in mir aufsteigen, beruhigte mich aber gleich wieder; denn ein wütendes Herz kann nicht von Jesus erzählen. Ich betete innerlich. Meine Augen suchten Schwester Marlene – endlich stand sie auf und kündigte an:

‚Die Frau Müller wird uns jetzt die Weihnachtsgeschichte aus dem Evangelium lesen. Ich bitte um einen paar Minuten Geduld!'

Es war also so weit. Ich ging nach vorne aufs Podium, las

die Weihnachtsgeschichte aus dem Lukasevangelium und dann das Hohelied der Liebe – und ich war dabei innerlich ganz still.

Ich konnte gut lesen, achtete auf die Betonung. Und dann sprach ich plötzlich ganz unvorbereitet zu den Anwesenden, dass wir doch jetzt in der Weihnachtszeit nicht nur ans Materielle, sondern auch an Jesus denken sollten, der aus Liebe in die Welt kam, um uns Sünder zu erlösen.

Und dass wir Menschen einander in diesen Tagen doch in Liebe begegnen sollten – und so weiter. Mittlerweile weiß ich nicht mehr alles. Aber als ich das letzte Wort gesprochen hatte, sagte ich – selbst noch ganz ergriffen – ‚Amen!'.

Dann verließ ich das Podium, denn ich musste nun schnell zu meinem Termin. Es war geschafft."

Wir atmeten mit Emilie auf und fühlten uns mit ihr erleichtert. Sie aber schaute in die Runde und sagte fast scheu: „In den Tagen danach erzählten mir mehrere Leute, dass dieser ‚Vortrag' für sie die eigentliche Weihnachtsfeier ausgemacht habe. Es hätte sie sehr berührt. Einer der Professoren sprach mich auf das Hohelied der Liebe an und fragte, wo ich das hergehabt hätte. Und er war verwundert, als ich sagte, dass ich es aus der Bibel, 1. Korinther 13, gelesen hatte. Er meinte, er habe gar nicht gewusst, dass so etwas in der Bibel steht."

Emilie wandte sich mir zu und sagte mit leisem Staunen: „Ich war so gerührt, dass Jesus mich gebrauchen konnte, um sich bei den Menschen ganz neu in Erinnerung zu bringen."

Ihre Worte bewegten mich. Mir schien, dass sie soeben –

wohl ganz unbewusst – etwas Wichtiges ausgesprochen hatte. Denn es war genau das: Nicht Emilie hatte etwas Überragendes, Besonderes geleistet – Jesus hatte sie als seinen Engel in der Klinik gebraucht, *„um SICH wieder den Menschen in Erinnerung zu bringen"*.

Blau-silbern ist schön!

1992

„Schön – oder?" Ich sprach laut zu mir selbst und hielt die Schachtel mit den sechs blauen Christbaumkugeln lange in der Hand.

Manchmal schmücke ich mein Bäumchen blau-silbern, manchmal auch rot-silbern. Die roten Kugeln leuchten wundervoll warm und ein bisschen herausfordernd, während die blauen geheimnisvoll verhalten glänzen und den Blick festhalten.

Ich liebe blaue Kugeln!

An Omas Christbaum war immer alles weiß und silbern. Da gab es silberne Vögel mit weißem fedrigem Schweif, silberne Glanzkugeln mit weißem Raureifmuster und mattsilberne mit glitzernden Glassplitterchen, in denen sich das Licht weißer Wachskerzen flackernd spiegelte.

Es gab Silberlametta und kleine, leise zitternde papierne Engelbildchen. Da und dort hing eine zarte weiße Strähne Engelshaar, das in den Tannenzweigen hängen geblieben war, als der Weihnachtsengel den Baum ganz heimlich still in die Stube gestellt hatte. Und es gab noch etwas: eine einzige glänzende blaue Weihnachtskugel. Sie hing immer innen im Bäumchen, denn sie war schwer und unzerbrechlich.

Ich war damals noch klein, höchstens vier Jahre, als ich den Tisch und Baum immer wieder umrundete – ich konnte mich nicht sattsehen an dem Silberglanz. Und ich sah die blau glänzende Schönheit geheimnisvoll aus dem Baum herausleuchten, während Oma und Mama in der Küche ein Festessen zauberten. Ein paar Jahre später wusste ich, woher die schöne einsame blaue Kugel kam. Oma erzählte, dass sie als junges Mädchen in einem bekannten Hause mit Bäckerei und Café in Saarbrücken „gedient" hatte.

„In der Familie gab es immer einen großen wundervollen Weihnachtsbaum vom Boden bis zur Decke", erzählte sie uns. Ha! Und von dort stammte wohl die blaue Kugel. Langsam ahnte ich, dass Oma die Kugel dort vor vielen Jahren wohl einfach mitgenommen – sprich: geklaut – hatte. Von nun an sah ich die schöne Kugel, die Jahr um Jahr im Christbaum hing, mit anderen Augen an. Denn es war schwer für mich zu verstehen, dass *meine* Oma „so was Schreckliches" getan hatte, uns das auch noch ganz ungeniert erzählte und jedes Jahr die blaue Kugel in den Weihnachtsbaum hängte. Oma war doch eine so tiefgläubige, gute Frau! Aber ich wagte nicht zu fragen. Und auf den Gedanken, dass ihr die blaue Kugel vielleicht geschenkt worden sei, kam ich nicht …

Als ich jedoch etwas älter wurde, sah ich die blaue Kugel mit anderen Augen und sehr beruhigt an. Denn ich hörte eines Tages, dass Oma als junges Mädchen noch gar nicht gläubig war. Sie entschied sich erst als junge Frau und Mutter für ein Leben mit Gott:

„Und da hat Jesus mir alle meine Sünden vergeben", erzählte sie.

Da wusste ich, dass auch die Sache mit der Weihnachtskugel ja schon lange, lange vergeben war. Jetzt war die blaue Kugel keine „geklaute" Kugel mehr, sondern ein stilles Zeichen für Vergebung. Jetzt konnte ich fröhlich und ganz beruhigt mitsingen: „Welt ging verloren, Christ ist geboren, freue dich, o Christenheit!"

Oma starb, als ich schon fast erwachsen war, und es war wie ein Weltuntergang für mich. Doch ich freute mich, von nun an jedes Jahr Omas blaue Kugel im Weihnachtsbaum meiner Eltern zu sehen. Die Glanzkugeln strahlten im Kerzenschein rot und golden und bezaubernd grün und blau und silbern, und meine Augen suchten Omas geheimnisvolle, nun schon sehr alte blaue Kugel. Ich *musste* sie berühren, tief im Geäst …

Aber stellen Sie sich vor: Irgendwann fehlte die blaue Weihnachtskugel in Mamas Christbaum. Ich fragte danach, aber Mama hatte sie bis dahin gar nicht vermisst. Ich aber wurde die Frage nicht los, wo Omas blaue Kugel hingekommen sein mochte.

Ein Fremder konnte sie nicht mitgenommen haben! Zerbrochen war sie auch nicht! Sie war schon so oft auf den Boden gefallen, aber nichts hatte ihr je etwas anhaben können.

Ich hielt den Atem an: Oder sollte die blaue Kugel jetzt etwa bei einer meiner fünf Schwestern im Weihnachtsbaum hängen? Sollte eine sie einfach so mitgenommen … – *o nein!*

Da steh ich jetzt mit meinen glänzenden, zerbrechlichen blauen Weihnachtskugeln in der Hand und lächle vor mich hin …

Ich habe nie nachgeforscht, nie jemanden aus der Familie nach der blauen Kugel gefragt, denn Dinge können verloren gehen, und – so wichtig war die Sache letztlich nicht. Andererseits – meine Eltern waren damals zweimal umgezogen.

Mehr als hundert Jahre sind vergangen, seit meine Oma als junges Mädchen in den Besitz jener blauen unzerbrechlichen Weihnachtskugel kam.

Meine geliebte Oma ist vor langer, langer Zeit schon heimgegangen zu Jesus, der ihr Heil, ewiges Leben und frohe Hoffnung schenkte. Zu Ihm, dem sie hier ihre Weihnachtsbäume wundervoll weiß und silbern geschmückt und fröhlich ihre Weihnachts- und Glaubenslieder gesungen hatte: Sie liebte Jesus über alles.

Die unglaubliche Weihnachtsgeschichte

Heiligabend 1993

Es war das erste Weihnachtsfest, nachdem meine Mutter heimgegangen war. Dic Zeit seither war nicht leicht gewesen. Papa, einundachtzig, war blind und seit längerer Zeit schwach. Doch er konnte in seinem Haus und der gewohnten Umgebung bleiben. Wir hatten zuverlässige, freundliche Pflegekräfte gefunden, die sich regelmäßig abwechselten und für mehrere Tage ganz bei ihm blieben und den Haushalt führten. Wie froh und dankbar waren wir dafür.

Gisela, Papas Pflegerin, hatte ein Bäumchen rot und silbern geschmückt und ins Esszimmer gestellt, obwohl er es nicht sehen konnte. Dieses Bäumchen wirkte so schön und tröstlich, als sei Mama noch da und nur kurz nach nebenan gegangen. Es war verständlich, dass die Pflegerin Heiligabend gerne mit ihrer Familie feiern wollte. So entschieden wir uns – das heißt mein Mann, unser Sohn mit Freundin Petra und ich –, an Heiligabend bei Papa zu sein.

Während ich kochte und briet, wollten Stefan und Petra

mit Anka, Papas Schäferhündin, noch ein wenig ins Freie gehen: wie gewohnt, die Straße hinunter und dann ein Stück Weg nach rechts oder links durch das Wiesental, wie Anka es von ihrem Herrchen gewöhnt war.

Als die beiden zurückkamen, war Stefan völlig außer sich: „Was wir eben erlebt haben, das wird uns kein Mensch glauben."

Er erzählte, dass Anka sie an der Hausecke überraschenderweise in die Gegenrichtung gezogen hatte. Das war ungewöhnlich, denn Papa ging seit Jahren immer die Straße hinab zu den asphaltierten Wiesenwegen. Anka wurde nie hinauf ins Dorf geführt oder mitgenommen.

Stefan wunderte sich und meinte zu Petra: „Komm, lass uns sehen, wo sie hinwill."

Anka lief die Straße hinauf bis zur Kreuzung und bog dann links in die Hauptverkehrsstraße ein. Stefan wunderte sich noch mehr und folgte ihr. Anka zog an der Leine, lief, bis sie in Höhe des Friedhofes die Straße überquerte und auf die Pforte des Friedhofes zusteuerte. Dort blieb sie stehen, setzte sich und schaute aufmerksam zu den dunklen Gräbern hinüber. Hier und dort zuckten kleine Flämmchen in roten Grablichtgläsern. Nach einer Weile drehte sie sich um und schlug den Rückweg ein. Stefan war sprachlos.

„Das glaubt uns keiner", sagte er. „Wenn ich das nicht selbst erlebt hätte, würde ich es auch nicht glauben. Aber sie wollte unbedingt dahin! – Nur, was wollte Anka auf dem Friedhof?"

Ja, das war höchst seltsam! Meine Mutter war vor elf Monaten heimgegangen. Anka war schon länger – auch in jenen

Tagen – überhaupt nicht mehr im Haus meiner Eltern gewesen, sondern für ein halbes Jahr bei uns in der Stadt, sechs Kilometer entfernt. Anka war auch nie auf den Friedhof mitgenommen worden; ganz abgesehen davon, dass die Friedhofsordnung Hunde dort verbietet. Wieso aber lief sie an diesem Heiligabend dort hin?

Es ist mir noch heute rätselhaft, und ich frage mich: Sollten Tannen- und Kerzenduft, die ganze Weihnachtsatmosphäre irgendwelche „Erinnerungen“ in Ankas Gedächtnis „aktiviert“ haben? Sollte sie sich an Frauchen erinnert haben? Sollte sie gewusst haben, wo ihre letzte Stätte ist?

Tiere sind ja vielen von uns zu lieben Weggenossen und Freunden geworden. Ich sehe sie seit damals mit anderen und fragenden Augen an. Sie sind mir etwas „nähergekommen“, denn ich achte mehr auf sie. Und mir kommen so viele Dinge in Erinnerung, die wir mit unseren Tieren – Kätzchen, Wellensittichen, Schleierschwänzchen, Hamstern, Enten usw. – erlebt haben, die uns oft sehr erstaunten.

Aber: Haben Tiere ein „Wissen“, ein Erkennen, von dem *wir* nichts wissen oder ahnen? Offensichtlich. Zumindest gibt es viele Geschichten, die davon erzählen.

Anka ist nun schon lange tot, doch jedes Jahr an Weihnachten denken wir an ihre Geschichte, die mich immer daran erinnert, dass es so unendlich viele Fragen und Geheimnisse des Lebens gibt, die wir noch nicht verstehen. Gerade auch in der Weihnachtszeit …

Liebe ohne Schranken

– Gebet zur Weihnacht –

Vater, wie könnte genug ich dir danken
für alles, was du für uns hast getan?
Oh, Deine Liebe ist ohne Schranken –
Dankbar bewundernd bet' ich dich an.

Du gabst den Sohn uns, den heiß geliebten,
in unsre Welt, die so unberechenbar,
für all die Menschen, die dich betrübten,
für jeden, der verloren war.

Vater, er kam nicht in herrlicher Pracht,
als strahlender, siegreicher Held.
Du gabst uns ein Kind in dunkelster Nacht,
ein Kindlein zu retten die Welt.

Die Welt war wohl nicht sehr dankbar dafür?
Man hat sich wohl nicht sehr gefreut?
Doch heute, o Vater, da danken wir dir,
die Herzen zur Demut bereit.

Er lebte, er fühlte mit uns und er litt,
sie haben zum Tod ihn gebracht.
Dein göttlicher Plan ward erfüllt und damit
hast du ihn zum Retter gemacht.

Vater, wie könnte genug ich dir danken?
Du schenkst deinen Sohn zur Rettung der Welt!
Oh, deine Liebe ist ohne Schranken,
sie ist das Licht, das die Welt uns erhellt.

Weihnachten –
ein Kind in Windeln gewickelt

„… kennt auch dich und hat dich lieb!“

2006

Es war das erste Mal seit Langem, dass Christina das Haus verließ, um in die Stadt zu fahren. Kleine weiße Flocken schwebten unsicher zur Erde, so spärlich, dass keiner sie beachtete.

Die Leute gingen schnell und sie wirkten erschöpft an diesem Nachmittag. Hier an der Haltestelle warteten sie frierend und unfroh. Keiner beachtete den anderen.

Christina schaute auf ihre Stiefelspitzen und schlug den Mantelkragen hoch – es war kalt. Sie stieg in den besetzten Bus ein. Erst beim nächsten Halt, wo eine vermummte alte Frau ausstieg, fand sie einen Sitzplatz; am Fenster, gleich hinter dem Fahrersitz.

Sie legte den Kopf in die Ecke zwischen Rückenlehne und Fensterscheibe und schloss die Augen. Aus dem Radio erklang Schlagermusik, laut und störend. Zumindest für sie. Der Bus hielt, ließ die Menschen aus- und einsteigen, fuhr weiter, nur um bald wieder zu halten. Wenigstens war er gut beheizt.

Es war weit vom Dorf bis zur Stadt. Wäre sie doch besser zu Hause geblieben! Sie fühlte sich dem Chaos und dem Lärm nicht mehr gewachsen. Sie fühlte sich dem Leben nicht mehr gewachsen. Nie hatte sie geahnt, mit dreißig Jahren so dazustehen!

Im April war Jochen ausgezogen – endgültig, nachdem er in der Vergangenheit immer wieder einmal damit gedroht hatte. Das hätte ja schon vollauf genügt. Verlassen zu werden – sie hatte nicht gewusst, dass es so entsetzlich und so demütigend sein konnte.

Die leere Wohnung, der Schmerz, die verletzten Gefühle – die bohrenden, immer wiederkehrenden Fragen: Was habe ich falsch gemacht? Was stimmt nicht mit mir? All die Schuldzuweisungen, die sie nicht verstand, nicht nachvollziehen konnte. Und diese langen, einsamen Abende und Wochenenden allein mit dem Kind.

Und Jochen vergnügte sich derweil mit seiner neuen Flamme! Unerträglich!

Das wäre schon vollauf genug gewesen. Aber dann stellte der Frauenarzt eine Unregelmäßigkeit fest und riet ihr zur sofortigen Operation. Das Ergebnis war niederschmetternd: bösartig!

Sie hatte Chemo und Bestrahlungen über sich ergehen lassen – mit allen Nebenwirkungen …

Bis kürzlich. Aber die Angst blieb.

Und jetzt stand Weihnachten vor der Tür, zu Hause wartete ihr Kind – Monique, ihre kleine Tochter. Die Fünfjährige konnte nichts für all das Unglück, das ja auch über sie hereingebrochen war. Zum Glück wusste und erfasste sie nicht alles.

Hoffentlich!

Aber für dieses Kind wollte sie leben. *Musste* sie leben. Und sie wollte ihr trotz allem ein schönes Weihnachtsfest bereiten. Vielleicht – wenn sie es schaffte – würde sie auch ein Weihnachtsbäumchen schmücken?

Wenn mir nur besser wäre, dachte sie, *wenn ich nur wieder richtig bei Kräften wäre! Wenn ich nur erst die Scheidung hinter mir hätte, all die Anwaltsbriefe … Gott – stehe mir bei! So viel Elend! So viel Not! Wohin damit?!*

Sie saß noch immer schläfrig und mit geschlossenen Augen da. Ihre Gedanken aber rotierten selbstständig … Wo war denn Gott? Warum nur ließ er das alles in ihrem Leben zu? Warum? Warum half er ihr nicht? Hörte er überhaupt ihre Gebete? Ach …

Aus dem Radio ertönte jetzt ein Kinderlied. Sie hörte es mit halbem Ohr – dieses alte, kleine Lied … Weich sang die Männerstimme, begleitet von den hellen Stimmen eines Kinderchors:

> *„Weißt du, wie viel Sternlein stehen*
> *an dem blauen Himmelszelt?*
> *Weißt du, wie viel Wolken gehen*
> *weithin über alle Welt?“*

Es rauschte an ihr vorbei, auch der zweite und dritte Vers, doch der Schluss hakte plötzlich in ihr, stark und eindringlich! Christina horchte auf:

„Kennt auch dich und hat dich lieb“, erklang es weich.

Da war ihr, als lege sich ein warmer Arm tröstend um ihre Schultern, während die Stimmen im Radio leise und zart wiederholend ausklangen:

„Kennt auch dich und hat dich lieb."

Etwas schmolz in ihr, weiche Tränen stiegen in ihr auf. Alles in ihr veränderte sich: Ein Gefühl von Liebe und Güte durchströmte sie, hüllte sie ganz ein, so, als sei Gott ihr unendlich nahe. Das Radio war jetzt aus. Doch immer wieder sangen die Worte in ihr, und sie fühlte sich tief getröstet und geborgen.

Wenn Gott mich kennt und mich liebt, dann ist alles gut. Dann kann ich weiterleben! Dann werde ich nicht untergehen. Nein, ich werde nicht untergehen!

Bald stand sie auf der Straße und schaute sich verwundert um. Sie sah nicht den lebhaften Autoverkehr, nahm nicht die vorbeihastenden Menschen wahr.

Sie sah nur die breite Bahnhofstraße der Stadt in beide Richtungen von unendlich vielen, hellen Lichterketten leuchtend überspannt. Sie sah die Leuchtreklamen an den Fassaden der Kaufhäuser – Sterne, überall Sterne. Und diese Sterne waren für sie plötzlich voller Licht und voller Verheißung.

Als Christina uns ihre Geschichte erzählte, lag diese fast dreißig Jahre zurück, doch ihre Augen schimmerten feucht in weicher Erinnerung an den Heiligen Abend: „Mein Portemonnaie war damals sehr dünn, aber wir waren in seliger Stimmung. Alle Kerzen, die ich noch hatte, flackerten zwischen Tannengrün. Wir saßen in der Couchecke und sangen Weihnachtslieder, und immer wieder bat meine Tochter: ‚Mami, singen wir noch einmal: *Kennt auch dich und hat dich lieb?*‘

Bald sang sie das Lied mit, und nichts konnte damals unsere Weihnachtsfreude stören. Wir fühlten uns eingehüllt in die Liebe Gottes.“

Sie schaute uns an, rührte leise in ihrer Teetasse und meinte:

„So etwas muss man erlebt haben! Ich meine, das mit dem Lied. Aber ich glaube, so stark und tröstend, wie ich es damals erlebte, erfährt man es nur einmal im Leben. Als einen besonderen Gnadenerweis Gottes und gerade dann, wenn man es am allernötigsten braucht.“

Traumschloss im Schnee

2007

Wenn ich zu meinem Elternhaus fahre, komme ich durch einen der ältesten Stadtteile. Ich kenne die lange Straße mit ihren teilweise sehr alten Häusern von Kind auf gut und merke gleich, wenn sich irgendwo etwas verändert hat. Ab und zu bekommt ein Haus einen neuen Anstrich, neue Fenster oder – was sehr selten geschieht – es erhält ein neues Stockwerk.

Vor ein paar Jahren kam ich durch die Straße und sah, dass eines der ganz alten Häuser, ein eingeschossiges, niedriges Bauernhaus mit fünf tiefen Fenstern, abgerissen war. Es tat mir leid um das alte Haus. Aber jedes Mal, wenn ich wieder vorbeifuhr, sah ich, wie ein schönes zweistöckiges Haus mit breiten Fenstern entstand.

Es wurde mit edlen dunkelblauen, glasierten Ziegeln eingedeckt und erhielt einen zart fliederfarbenen Anstrich. Die Fenster und Umrahmungen sowie die doppelbreite Eingangstür waren weiß, und die Türüberdachung aus blauen Ziegeln ruhte auf weißen runden Säulen. Das Haus war richtig „nobel", mit Abstand das schönste Haus in der langen Straße. Ich warf einen freundlichen Blick darauf, sooft ich auch vorbeifuhr.

Hier am Rande der Stadt gibt es keine weihnachtliche Straßenbeleuchtung. Aber so manches Fenster ist mit Lichterbögen und anderem weihnachtlich erleuchtet und geschmückt. Als ich an einem dunklen Adventsabend durchkam, traute ich meinen Augen nicht: Das fliederfarbene Haus glich einem winterlichen Weihnachtsschloss!

Ich hielt an und staunte. Ähnliches hatte ich zwar in amerikanischen Weihnachtsfilmen, aber noch nie bei uns gesehen. Haus und Eingang wie auch die Fenster waren von Lichterketten umrahmt, die hell in der frühen Dunkelheit blinkten und leuchteten.

Es hatte etwas geschneit und im großen Vorgarten, wo sich vor hundert und mehr Jahren die bäuerlichen Fuhrwerke und Ackergeräte, Zaumzeug und ein großer Misthaufen befanden, leuchtete jetzt ein Nikolausschlitten mit großem, springendem Elch im Schnee. Da stand ein Reh, dort ein Tannenbäumchen – alles aus hellem Licht gezeichnet. Lichterschläuche umsäumten die niedrige Rasenumrandung. Und in allen Fenstern brannten messingne Lichterbögen.

Ich war völlig überrascht und schaute wie verzaubert auf diese „winter-weihnacht-herrliche" Pracht, die so schön und edel wirkte. Die Häuser rechts und links traten fast verschämt in die Dunkelheit zurück.

Endlich fuhr ich weiter. Wahrhaftig, die Menschen, die dieses schöne Haus gebaut hatten, bewiesen Geschmack. Sie mussten auch Freude an Weihnachten haben und sie ließen es sich etwas kosten, dass sie – auch für alle, die da wohnten oder vorbeikamen – ein so prächtiges Weihnachtsschloss entstehen ließen.

Wenige Jahre danach. Es hatte kräftig geschneit, und ich war schon „kindlich“ gespannt auf „mein“ Weihnachtsschloss. Es musste heute in der Dämmerung ganz besonders weihnachtlich aussehen!

Aber wie entsetzt war ich, als ich schon von Weitem sah, dass das ganze Haus dunkel war, nirgendwo brannte auch nur ein einziges Licht. Und der Vorgarten lag wie verwaist da. Ich hielt an – da entdeckte ich in einem der Parterrefenster ein großes weißes Schild, kniff die Augen zusammen, las eine Telefonnummer und:

Zu verkaufen

Ganz starr und nachdenklich fuhr ich weiter. Ein so attraktives Haus, eine so hübsche Farbe, das schöne glänzende blaue Dach, eine so charmante, geschmackvolle Weihnachtsdekoration. Ob sich wohl unter dem Dach ein Drama abgespielt hatte?

Kein Mensch baut sich ein solches Haus, um es nach wenigen Jahren schon wieder zu verlassen und zu verkaufen!

Aber was war möglicherweise geschehen? Sollte einer der Partner plötzlich verstorben sein und der andere musste das Haus verkaufen? Oder hatten sich durch Krankheit oder Arbeitslosigkeit die finanziellen Verhältnisse so verändert, dass sie es nicht mehr halten konnten? Was auch immer – es machte mich sehr nachdenklich.

Wieder ist Advent. Ich denke – ein bisschen wehmütig, zugegeben – an diese wenigen Jahre, in denen dieses schöne Haus etwas ganz Besonderes war. Dass es allen, die vorbeigingen oder -fuhren, mit seinem weihnachtlich warmen Licht und Glanz ein bisschen lächelnde Vorfreude, ein kleines Glücksgefühl entlockte. Etwas Weihnachtliches, Warmes wachrief.

Nachdenklich fahre ich gegen Abend in die Stadt zurück – ich habe noch etwas zu besorgen, parke mein Auto und gehe zur Fußgängerzone.

Licht und Trubel umfangen mich in der Dämmerung. Lichterketten aus Tausenden leuchtenden Sternen sind über die Straßen und die Menschen gespannt, die eilig dahingehen. Ein riesiger leuchtender Tannenbaum steht vor der Alten Kirche, wo gerade das Glockenspiel erklingt.

Jemand bleibt stehen und schaut zum Turm hinauf. Einige gehen etwas langsamer, horchend und lächelnd. Heiße Kastanien duften.

Oh – Weihnacht, Festvorbereitung und Weihnachtsstimmung allüberall!

Die Freude hat mich wieder, die Vorfreude auf Weihnachten!

Jesus – ein Mensch wie wir

Er war ein Mensch, ein Mensch so wie wir,
und doch ganz anders als alle hier.
Einer von uns, der lebte und litt
und vor dem Vater für uns eintritt.

Er ist der Eine, der treu dich liebt,
sich selbst, sein Leben für dich hingibt.
Der dich versteht, auch wenn du versagst,
der dir auch zuhört, wenn leis du klagst …

Er ist der Eine, der zu dir steht,
durch tiefste Leiden treu mit dir geht,
der dein Versagen, dein Sehnen auch kennt,
der warm dich liebt und beim Namen nennt.

O welch ein Wunder, unfassbar groß:
Er kam für dich, er macht' dich los
von aller Verwirrung, Verlorenheit
und schenkt' dir Vergebung und Herrlichkeit.

Er war ein Mensch – vor langer Zeit,
doch unvergessen in Ewigkeit.
Einer von uns – ein Mensch so wie wir,
und doch ganz anders als alle hier.

– nach Philipper 2,7–8 –

Ein Kind – in Windeln gewickelt!

2011

Zu den Weihnachtserlebnissen, an die ich mich immer wieder gern erinnere, gehören auch die Weihnachtsgottesdienste und -predigten. In meinem Fall ging es fast immer darum, etwas für die Gemeinde zu haben, worüber ich in mehr als vierzig Jahren während der Weihnachtszeit noch nicht gesprochen hatte.

Manchmal war ich selbst überrascht und erstaunt von dem, was mir in der Weihnachtsgeschichte der Bibel neu auffiel oder „was mir von oben geschenkt“ wurde.

So auch an jenem Weihnachtsfeiertag 2011. Es war meine letzte Weihnachtspredigt als Pastorin, ehe ich zwei Monate später in den Ruhestand ging.

Ich möchte diese Weihnachtsbotschaft besonders den Lesern und Leserinnen widmen, die vielleicht krank oder einsam sind, die keine Möglichkeit haben, einen Weihnachtsgottesdienst zu besuchen und mitzufeiern.

Damals, als ich vor meiner Gemeinde stand, sagte ich:

„Jedes Jahr wird in der Weihnachtszeit rund um den Erdball die Botschaft vom Kommen Jesu verkündigt. Und die Botschaft der Bibel ist erstaunlich ausführlich und jedes Mal wieder neu und ergreifend.

Manchmal fällt einem ein bestimmtes Detail der Weihnachtsgeschichte besonders auf. In diesen Tagen fiel mir auf, was der Engel den Hirten auf dem Felde bei Betlehem als Erkennungszeichen gab: *Ihr werdet finden das Kind in Windeln gewickelt und in einer Krippe liegen.*

Und so fanden sie das Kind auch.

Auf den ersten Blick handelt es sich hier doch wohl um Nebensächlichkeiten – schließlich wird jedes Neugeborene in Windeln gewickelt? Und die Futterkrippe – was soll's? Wenn Stadt und Herberge überbelegt waren? Eigentlich kaum erwähnenswert.

Zu allen Zeiten haben Frauen ihr Kind dort geboren, wo es gerade zur Welt drängte: beim Arbeiten auf dem Feld, am Waldrand, unterwegs im Taxi – mitten im Verkehrsgewühl, in einem Aufzug, auf der Flucht, im überfüllten Eisenbahnwaggon …

Nichts Weltbewegendes! – Oder vielleicht doch?

Stellen wir uns einmal vor: Das jüdische Volk hat über lange, lange Zeiten, von Generation zu Generation, auf den von Gott verheißenen Messias gewartet. Auf einen König vielleicht, auf einen Priesterkönig oder eine überragende prophetische Persönlichkeit, aber ganz bestimmt nicht auf ein Kind in Windeln in einer Futterkrippe. Und ich frage mich:

Warum kam der Messias, der von Gott Gesalbte, nicht auf andere Weise in diese Welt?"

Mit einem fragenden Lächeln schaute ich in die Runde. Dann erklärte ich:

„Er hätte zum Beispiel als leuchtender, strahlender Held, von Engeln umgeben, auf einer Wolke vom Himmel herabkommen können – in Jerusalem, beim Tempel, während eines der großen Feste, wo Tausende versammelt waren. Alle hätten ihn mit eigenen Augen gesehen! Hätte Jesus da nicht von Anfang an ganz andere Chancen gehabt?

Oder er hätte in einem Palast oder bei vermögenden, einflussreichen Leuten geboren werden können. Wäre er da nicht von den Menschen – und auch von der Priesterschaft – ganz anders aufgenommen und anerkannt worden?

Warum kam er ausgerechnet als hilfloses, kleines Kind in einer Handwerkerfamilie zur Welt, als ein Baby in Windeln, das gestillt wurde und sprechen, laufen, leben lernen musste?

Das war gegen alle menschlichen Erwartungen!

Gottes Wort erklärt es uns: Der Sohn Gottes, der *in göttlicher Gestalt war*, legte alle seine bisherigen Privilegien, sein Gott-gleich-Sein freiwillig nieder. Er wurde von Grund auf *‚den Menschen gleich und der Erscheinung nach als Mensch erkannt*‘.“[3]

Warme, weihnachtliche Atmosphäre umgab mich, und meine Glaubensgeschwister lauschten aufmerksam meinen Worten. Freundliche Gesichter blickten mir entgegen, als ich fortfuhr:

„Jesus war kein Halbgott. Er war ein Mensch aus Fleisch

---

[3] Philipper 2,6–8

und Blut, ein Mensch mitten unter den Menschen, der die Lebensphasen von der Geburt zum Erwachsenen bis hin zum Tod durchlebte; und er bezeichnete sich immer wieder selbst als Menschensohn.

Jesus musste lernen, er musste essen, trinken, arbeiten, wurde müde, war versuchbar – ein Mensch ganz wie wir, wie du und ich. Aber warum kam er als ein ‚ganz menschlicher Mensch' in unsere Welt?

Die Bibel sagt:

Er musste in allem seinen Brüdern gleich werden, damit er barmherzig würde und ein treuer Hoherpriester vor Gott, zu sühnen die Sünden des Volkes. Denn worin er selber gelitten hat und versucht worden ist, kann er denen helfen, die versucht werden.[4]

Jesus war damals nicht nur der große Prediger, Heiler und Helfer.

Er war Mensch.

Er wurde müde, er hatte Mitgefühl, erlebte auch Trauer. Er hatte es nötig, zum Vater im Himmel zu beten, verbrachte Stunden im Gebet auf nächtlichen Bergen. Er empfand Empörung und Zorn über die Verlogenheit mancher frommen Zeitgenossen.

Jesus erlebte Angst und Schmerz. Er litt Todesqual und Pein – die demütigende, entmenschlichende Geißelung und am Ende die Kreuzigung und den Tod.

Jesus schrie den Schrei der Menschheit, den Schrei der tiefsten menschlichen Verzweiflung und Verlassenheit: *‚Mein Gott, mein Gott – warum hast du mich verlassen.'*

---

4 Hebräer 2,17–18

In dem allen war er ein Mensch wie wir. Doch Gott hat ihn aus dem Tode auferweckt. Jesus bekam die Herrlichkeit wieder, die er vorzeiten bei Gott hatte.[5]

Weil er aber Mensch war, weiß Jesus, was es heißt, Mensch zu sein! Er kennt das Leben. Er kann mit uns mitfühlen, mitleiden, er versteht uns in allen Dingen: unsere Schwächen und Stärken, unsere Möglichkeiten und Unmöglichkeiten, unser Versagen und unser Unvermögen. Unsere Verzweiflung, unser tiefstes Einsamsein …"

Diese Gedanken berührten mein Herz tief. Alle hörten still und sichtbar bewegt zu, als ich weitersprach:

„Kein Engel kann uns verstehen. Er weiß nicht, was Schmerz oder Verzweiflung ist – er hat das nie erlebt. Kein Engel weiß, was Hunger ist, er kennt das nicht. Ein Engel weiß nicht, was an Kämpfen im Herzen eines Menschen vorgeht. Er weiß nicht, was Versuchung, Sünde, ein schuldbeladenes Herz ist.

Auch weiß ein Engel nicht, was ein Mensch empfindet, wenn er zu Gott heimkehrt, seine Gnadenhand erfasst und unter heißen Tränen Vergebung erfleht; wenn ein Mensch sein Leben Gott weiht. Ein altes Lied sagt:

Der Engel lässt die Flügel sinken,
nie hat er verspürt,
was einen armen Sünder rührt,
den Jesus heimwärts führt.

---

5 Johannes 17,5

Kein Engel fühlt wie du und ich, er kennt keine Not, keine Qual. Er weiß auch nicht, was es für einen Menschen bedeutet zu sterben. Aber Jesus weiß es – er starb in Qualen und Einsamkeit am Kreuz.

Einsam, verzweifelt wie der verwundete Soldat an der Front; armselig wie die alte, einsame Mutter im Pflegeheim; hilflos und gepeinigt wie die krebskranke junge Frau; still ergeben wie ein todkrankes Kind …

Jesus weiß, was das alles für uns bedeutet – er fühlt mit uns! Er kann uns verstehen. Die Bibel sagt:

Darum wollen wir mit Zuversicht vor den Thron treten, auf dem die Gnade regiert. Dort werden wir immer, wenn wir Hilfe brauchen, Liebe und Erbarmen finden.[6]

Es begann mit einem Kind in Windeln in einer Krippe – doch dabei ist es nicht geblieben!

Jesus wurde uns zu einem starken Heiland und mächtigen Erlöser – ein Retter, ein treuer Hohepriester vor Gott, dem Vater. Er wurde uns ein wundervoller, verständnisvoller, treuer Freund und göttlichen Begleiter durchs ganze Leben. Deshalb singen wir ergriffen mit Joseph Scriven:

Welch ein Freund ist unser Jesus,
o wie hoch ist er erhöht!
Er hat uns mit Gott versöhnet
und vertritt uns im Gebet.

---

[6] Hebräer 4,16

Das Herz fließt über von Freude und Dankbarkeit. Denn das alles ist so unvorstellbar groß und ergreifend – das muss doch gefeiert werden, oder?

Wir singen Jesus mit großer Freude auch in diesen Tagen unsre Weihnachtslieder! Und wir reihen uns damit ein in die unzählbare Schar erlöster Menschen, die auch an diesem Weihnachtsfest rund um den ganzen Erdball ihre Jubellieder zum Himmel emporsingt:

Von einem Kind,
von Windeln und Krippe,
von Licht und Hoffnung,
von Freude und Frieden,
von Gottes erbarmender Liebe,
von Erlösung und ewigem Leben.

Das ist die Mitte, liebe Freunde, das Herz der Weihnachtsbotschaft! Und das darf nie in Vergessenheit geraten.

Darum feiern wir auch in diesem Jahre frohe Weihnachten!“

wahrscheinlich war ein Farmer oder Händler mit einem Anhänger voll lebender Puten zur Stadt unterwegs. Und offensichtlich hatte der Himmel ihr eine davon direkt vor die Füße gelegt. Sie gehörte ihr!

Ben stand am Tisch und goss sich eine Tasse heißen Kaffee ein. Er hielt mitten in der Bewegung inne, als Elly zur Tür hereinkam und das Tier sachte auf den Boden stellte. Sie hielt es fest, bis es ganz ruhig war. Dann ließ sie es langsam los.

„Ohhhh – was ist das?", fragte Ben erstaunt. „Wieso hat Sam die Pute denn nicht geschlachtet?"

Elly hatte sich aus ihrer Winterkleidung geschält und stand mit gekreuzten Armen da. „Ach Mann, du wirst es kaum glauben – sie ist gar nicht von Sam!" Und Elly erzählte.

Ben schaute sich den gefiederten Weihnachtsbraten an: „Du meinst also, der Himmel habe dir die Pute geschickt? *Gott …?*"

„Ja! Oder etwa nicht? Ach Ben, ist es nicht eine Überraschung? So kurz vor Weihnachten? Eine richtige Weihnachtsüberraschung!"

„Hm! Und wer wird sie dir schlachten?"

„Duuu natürlich! Wer sonst?"

Ohhhh!", machte Ben überrascht und strich sich den kurzen Bart. „Ich hab zwar vor zig Jahren zwei- oder dreimal ein Huhn geschlachtet", er verzog das Gesicht, „grässlich! Aber noch nie was Größeres. So ein Tier wiegt doch bestimmt an die zehn Kilo?"

„Ach was!", meinte sie beschwichtigend. „Ich schätze sie auf fünf, höchstens sechs Kilo!"

Ben füllte eine kleine Schüssel mit Wasser und stellte sie auf den Boden; die seltsame Weihnachtspute kam sofort, senkte den kleinen roten Kopf und trank.

„Sie scheint intelligent zu sein", meinte Elly.

„Und neugierig!"

„Sie scheint sich bei uns wohlzufühlen."

„Jaaaa", meinte Ben spöttisch, „sie ist ja auch zu *sehr netten Leuten* gekommen!"

„Finde ich auch", sagte Elly ernst. „Eigentlich, schau mal, eigentlich ist sie doch ein schönes Tier – das glänzende schwarze Gefieder?"

„Ja. Aber damit ist noch immer die Frage nicht geklärt, was wir jetzt mit ihr anfangen."

„Ganz einfach: Du wirst sie am Tag vor Weihnachten schlachten!"

„Ich nicht!", erklärte er kurz und bündig und fasste nach dem Türgriff.

„He du, gekniffen wird nicht!", rief Elly ziemlich energisch, und er merkte, dass es ein bisschen wütender klang.

Die beiden Enkelsöhne stürmten bei diesen Worten zur Tür herein: „Wer will kneifen?"

„Großpapa! Er will die Pute nicht schlachten!"

Die beiden Jungs hielten die Luft an, starrten die Pute kurz an, ehe sie lauthals protestierten:

„Schlachten? Man kann sie doch nicht schlachten!"

„Braten und essen?"

Die beiden starrten zuerst die ahnungslose Pute und dann die Großmutter mit großen Augen an.

„Ich esse davon nichts! Ich nicht!"

„Ich auch nicht!“

Zwei vorwurfsvolle Gesichter – dann stürmten sie laut scheltend hinter Opa hinaus.

Elly saß da und schaute sich ihren Weihnachtsbraten genauer an. Die Pute kam heran, legte den Kopf schräg und blickte sie aus einem glänzenden, wachen Auge an.

„So menschlich, ach so menschlich“, stöhnte sie leise auf, „lieber Gott, so was kann man wirklich nicht schlachten! Was mach ich denn bloß mit ihr?“

Dabei hatte sie immer gemeint, Puten seien schließlich da, um geschlachtet und verspeist zu werden ... Aber es war wohl ein gewaltiger Unterschied zwischen einer zum Braten gekauften fertigen Pute und einer, die so lebendig, so zierlich und manierlich in der Küche hin und her ging und zu einem aufsah wie diese!

Wie immer war es am nächsten Morgen noch dunkel, als Elly aufstand. Sie wickelte ihre Weihnachtspute in einen Sack, um sie zu Sams Farm zu bringen. Der Wind hatte sich gelegt, es schneite sanft und leise und an Sams hohem Hoftor blinkten traut und weihnachtlich die Lichter einer Weihnachts-Tannengirlande.

Sam staunte nicht schlecht über Ellys Geschichte.

„Sam, kann sie nicht bis Ostern bei euch bleiben? Du weißt, wir haben kein Federvieh! Die Eier könnt ihr behalten! Aber ich kann sie der Familie jetzt nicht auf den Tisch bringen.“

„Okay“, meinte Sam verwundert, ehe er wieder zur Mistgabel griff, „okay – merry Christmas, Elly!“

Elly sah ihrem Weihnachtsbraten nach, der sich im großen Schuppen unter zwei Dutzend von Sams weißen amerikanischen, wohlgemästeten Weihnachtsputen mischte.

„Merry Christmas, Sam, merry Christmas!"

Froh und erleichtert ging Elly nach Hause. Weihnachten kam und ging.

Schon Tage vor dem nächsten Osterfest stand Elly in Sams Hof und hielt Ausschau nach ihrer schwarzen Pute.

„Ahhh – Elly", rief Mary-Jo aus der Tür, „du willst wohl euren Osterbraten abholen? Aber Sam hat noch nicht mit Schlachten begonnen!"

„Oh, das ist gut! Mary-Jo, bitte, bitte – sag ihm, er soll die Pute nicht schlachten. Die Kinder – du verstehst doch?"

„Okay", sagte Mary-Jo sehr langsam, „okay!" Aber sie verstand es nicht ganz.

„Frag ihn, ob sie bis Weihnachten bei euch bleiben kann! Er kann sie uns dann zu Weihnachten schlachten."

Doch auch zur nächsten Weihnacht durfte Sam das Tier nicht einfach schlachten.

„Aber nächste Ostern! Ganz bestimmt!", beschwichtigte Elly ihn. Denn einmal musste es ja sein.

„Okay!", sagte Sam gutmütig. „Okay! An Ostern dann."

„Oder …", ein schräger, amüsierter Blick über die Schulter traf sie, und er spöttelte: „Oder – *nächste Weihnacht, vielleicht?*"

„Jaaaa", Elly lachte erleichtert, „vielleicht besser nächste Weihnacht!"

„Merry Christmas, Elly!“
„Merry Christmas, Sam!“

Man ahnt schon, dass Elly es auch am nächsten Weihnachtsfest nicht fertiggebracht hätte, der Familie diese Pute auf einer Porzellanplatte braun geröstet zu servieren. Aber manchmal ist das Leben doch mild und entgegenkommend: Denn im Herbst, lange vor Weihnachten, starb Ellys Weihnachtspute eines schlichten und natürlichen Todes. Es tat ihr zwar leid um das schöne Tier, doch sie war auch sehr erleichtert, zu Weihnachten nicht noch einmal über Tod oder Leben des schwarzen Vogels entscheiden zu müssen. Und die Pute – sie war immerhin dem Schicksal Millionen anderer Puten entgangen, als mächtiger, knuspriger Weihnachtsbraten verspeist zu werden …

„Merry Christmas, Freunde!
Fröhliche Weihnacht!“

Ein einziges Wort kann Wunder wirken

2013

Ich erinnere mich noch gut daran, was der Auslöser gewesen war. Jedenfalls war seit längerer Zeit Sendepause zwischen ihr und mir. Diese Pause hatte dieses Mal etwas Endgültiges und das tat mir leid. Nicht so leid, dass ich darunter außerordentlich gelitten hätte – es war nicht das erste Mal, dass das geschehen war. Aber es tat mir leid um unsere mehr als vierzigjährige Freundschaft.

Der Unterschied zwischen uns hätte nicht größer sein können: Sie war ein Temperamentsbündel, spontan und direkt, manchmal fordernd, „Und zwar jetzt!“, während ich mehr zurückhaltend, nachdenklich prüfend und auf Harmonie bedacht war. So waren heikle Situationen nicht zu vermeiden.

Dieses Mal aber war Annelies zu weit gegangen. Sie hatte mich zu ihrer Geburtstagsfeier mitten in der Woche eingeladen und ich musste wegen eines obligatorischen, seit einem Jahr feststehenden Termins absagen. Es tat mir sehr leid. Sie aber knallte mit wütenden Worten und einem energischen „Gut – das war's dann!" den Hörer auf die Gabel.

Dieses Mal ließ ich es resigniert auf sich beruhen und versuchte nicht, wieder zu glätten, was nicht zu glätten war. Doch etwas meinte ich, ihr noch schuldig zu sein – eine ziemlich seltsame Sache:

Ein paar Jahre nach dem Tod ihres Mannes hatte mir Annelies einen Ring gezeigt – einen schlichten Goldring mit drei gefassten Granaten.

„Der einzige Ring, den ich je von ihm bekam – außer dem Ehering! Aber ich habe ihn nie tragen können", hatte sie gesagt, „ich bleibe in allen Handtüchern und anderen Stoffen hängen. Trag du ihn, dann trägt ihn wenigstens *eine* von uns!"

Der Ring war nett und passte, ich blieb auch nicht damit irgendwo hängen. Ich nahm ihn an und trug ihn. Ich trug ihn als Zeichen unserer Freundschaft. Aber ich betrachtete ihn nicht als Geschenk; er war immer Annelieses Ring und sie konnte ihn jederzeit wiederhaben. Das hatte ich ihr gesagt und zur Bedingung gemacht.

Nach so vielen Monaten Sendepause und nach so manchen verletzenden Dingen über die Jahre hinweg fühlte ich kein Bedürfnis, auch dieses Mal wieder die Initiative zu ergreifen. Wenn sie wirklich Wert auf unsere Freundschaft legte, musste sie es von sich aus tun. Nur da war der Ring – Annelieses Ring! Den wollte ich nicht behalten, sie musste ihn zurückbekommen. Aber ich konnte ihn nicht einfach in einen Umschlag stecken und ihr schicken. Auch nicht mit ein paar netten Worten. Was tun?

Während ich für Weihnachten einkaufte, Plätzchen backte und die Festtage vorbereitete, kehrten meine Gedanken zwischendrin immer wieder zu dem Ring und zu ihr zurück.

Am Morgen des Heiligen Abends wusste ich plötzlich, dass ich den Ring noch vor dem Abend los sein wollte. Ich beeilte mich mit meiner Arbeit, denn ich würde zu ihr fahren und ihr den Ring mit ein paar freundlichen Worten zurückgeben. Wenn schon, dann musste alles sauber und gut abgeschlossen sein.

Mit sehr gemischten Gefühlen stieg ich bebenden Herzens die Treppe hinauf. Sollte sie nicht zu Hause sein, so dachte ich – schon fast erleichtert –, würde ich das kleine Weihnachtspäckchen in den Briefkasten stecken. Ich drückte auf die Klingel ... Augenblicke später öffnete sich die Tür.

Annelies starrte mich wie von weit her an und als würde sie nur langsam begreifen.

„Nein – *nein*! Komm herein!", rief sie laut.

Die Tür schlug zu und sie fiel mir um den Hals: „Nein, dass duuuu gekommen bist! Und ausgerechnet heute!"

Tränen flossen mir übers Gesicht und ich spürte, dass mich die Sache doch tiefer verletzt hatte, als mir bis jetzt bewusst war. Annelies aber lachte, lachte und fand vor Freude kaum Worte.

„Komm! Komm!" – sie zog mich in die Küche: „Dass duuuu heute gekommen bist! Nein! Ich kann dir gar nicht sagen, wie sehr ich mich freue!"

Zwischen vielen Worten kam ich dazu, ihr mein Hiersein zu erklären: „Ich musste einfach kommen, und zwar noch vor heute Abend! Ich bringe dir deinen Ring!"

Sie nahm den Ring, den sie mir vor über zwanzig Jahren gegeben hatte, drehte ihn wie ein sehr fremdes, unbekanntes Stück zwischen Daumen und Zeigefinger und legte ihn energisch in meine Hand zurück und schloss meine Hand drum.

„Nein, den trägst du weiter wie bisher, der gehört dir. Ich würde ihn ja doch nicht tragen."

Wir redeten miteinander, nicht über das, was war; das war jetzt vorbei. Doch wir spürten beide, dass wir uns noch immer tief gut waren.

Als ich wieder zurückfuhr, fing es leicht an zu schneien. Es war kalt und es wurde weihnachtlich, so viele Lichter leuchteten in der anbrechenden frühen Dunkelheit. An jenem Heiligabend sang ich unsere Lieder mit einem glücklichen und unsagbar leichten Herzen. Und ich konnte wieder lachen.

Die Freundschaft wurde zwar nie mehr so eng und innig, wie sie einmal gewesen war. Vielleicht auch, weil wir mit den Jahren und Jahrzehnten älter geworden waren und das Leben sich auf beiden Seiten verändert hatte. Wir telefonierten wieder miteinander, sahen uns aber viel seltener. Doch der Friede war wieder hergestellt.

Friede ist ein empfindliches Pflänzchen, man muss es hegen und pflegen. Aber Friede ist es auch wert, gepflegt und immer wieder neu hergestellt zu werden. Streit und Uneinigkeit in der Familie, zwischen Freunden, Kollegen, schaffen Leid und unglückliche Herzen. Der Unfriede liegt manchmal wie eine schwere, drückende Last auf uns, die nicht weichen will.

Aber: *Ein* gutes Wort kann Wunden heilen. *Ein* liebevoller Blick, *ein* freundliches Lächeln, *eine* kleine versöhnliche Geste lassen Herzen schmelzen. Und ein schlichtes, warmes „Verzeih mir!" kann Wunder wirken. Es wird wieder hell in uns und weit und leicht – *unsagbar leicht!*

„It's a wonderful life!"

2014

Vielleicht ist es reiner Zufall, dass mir gerade zu diesem Adventsbeginn „Das große Norman Vincent Peale Buch" wieder in die Hand fiel.

Kapitel um Kapitel berührten mich; umso mehr, da der über Neunzigjährige in diesem Buch sehr persönlich wird und ein ganz klares Christus- und Gotteszeugnis ablegt. Mehr noch, dass er durchgängig äußert, dass positives Denken – sein Lebensthema – überhaupt nur in Verbindung mit einem starken, vertrauenden und hingegebenen Glauben an Gott „funktionieren" und Veränderungen bringen kann.

Am Abend zuvor hatte ich ganz berührt von Peales Begegnung mit dem bekannten Filmschauspieler James Stewart gelesen, der erzählte, der schönste Film, in dem er je die Hauptrolle gespielt habe, sei „It's a wonderful life!" gewesen.

Heute Morgen erreicht mich dann ein Weihnachts-Buchprospekt und ich traue meinen Augen kaum: Auf einem DVD-Coverfoto erkenne ich James Stewart und Donna Reed. Der Titel des Films lautet: „Ist das Leben nicht wunderschön?"

Das kann doch kaum mehr ein Zufall sein!

Ich suche im Internet und entdecke, dass dieser alte Schwarz-Weiß-Film in deutscher Synchronisation als DVD erhältlich ist. Den möchte ich sehen; ich bestelle ihn sofort.

Lassen Sie mich kurz erzählen, wovon der Film handelt:

1946 drehte Frank Capra seinen Film „It's a wonderful life!“ mit James Stewart und Donna Reed in den Hauptrollen: ein märchenhafter Weihnachtsfilm voller Schönheit und Romantik – und auch voll Komik und mitreißender Dramatik. Voll überschäumender Lebensfreude – besonders im letzten Teil. Doch während die einen davon begeistert waren, wurde der Film von anderen heftig kritisiert und verrissen. Man legte ihn 1947 aus verschiedenen Gründen ins Regal.

Erst Ende der 70er-Jahre wurde er wieder hervorgeholt, im Kino und im Fernsehen gezeigt. Jetzt aber waren die Zuschauer begeistert, und dieser alte Film trat seinen Siegeszug rund um die Erde an. Seither ist er jedes Jahr in der Weihnachtszeit auf einigen Kanälen zu sehen.

Wir lernen die Hauptfigur, George Bailey, als freundlichen Jungen kennen, der es ziemlich schwer hat. Als junger Mann träumt er vom Leben, möchte die ganze Welt sehen und erobern und sitzt ein paar Jahre später doch als Familienvater in einer Kleinstadt fest und schlägt sich mit seiner kleinen, kundenfreundlichen Bank schlecht und recht durch. Als zu Weihnachten durch einen Angestellten viel Geld verloren geht, ist er völlig am Ende. In einer kleinen Kneipe, allein unter allen und fast irre vor Schmerz, kommt ein leises

Gebet der Verzweiflung über seine Lippen. Dann irrt er im Schnee zur Flussbrücke, um seinem Leben ein Ende zu setzen.

Da sieht und hört er, dass ein Mann in die Fluten stürzt, der nicht schwimmen kann und um Hilfe schreit. George springt nach und rettet ihn. Erstaunt entdeckt er, dass dieser Mann eine sehr seltsame Gestalt ist. Angeblich kommt er als Engel – als Georges Schutzengel – direkt vom Himmel, um George zu retten.

George glaubt ihm kein Wort, jener hängt sich aber an seine Fersen. George erzählt ihm, was geschehen ist und wie es *ihm* geht: dass er ein Versager und am Ende ist und dass er wünscht, nie geboren worden zu sein.

Sein „Engel" widerspricht ihm vergeblich, erfüllt dann aber seinen Wunsch: „Also gut: Es hat dich nie gegeben!"

Stunden der Verzweiflung für George … Sie gehen in die Stadt zurück, aber dort sieht alles verändert aus. George erkennt nichts und niemanden mehr. Die Menschen sind ihm fremd, und er ihnen; seine Mutter schlägt ihm die Tür wütend vor der Nase zu, seine Frau flieht vor ihm – keiner kennt ihn! Er hat nie zu ihnen gehört, er hat nie gelebt.

Sein ratloses Entsetzen ist grenzenlos, bis er am Ende wieder zu der Brücke des Flusses taumelt, um sich endgültig in die Tiefe zu stürzen.

Da aber spricht ihn ein Mann freundlich an, der ihn kennt und den er kennt, und plötzlich merkt George, dass er ja doch lebendig ist, dass es ihn gibt. Er kann es kaum fassen, und ihn ergreift eine unbändige, überschäumende Freude: Er stürmt durch den hohen Schnee in die verschneite Stadt zurück, wo die Menschen an diesem Weihnachtstag vermummt ihren Häusern zustreben. Er ruft den Bekannten laut „Fröhliche Weihnacht“ zu, winkt über die Straße voller Begeisterung. Die Menschen lachen, winken froh zurück …

Er lebt! Er lebt tatsächlich! Nur darauf kommt es an und das Leben ist wunderbar! Sein Verlust, sein Ruin, scheint vergessen, er spielt für ihn keine Rolle mehr.

Endlich kommt er in sein Haus, wo Frau und Kinder schon auf ihn warten: Er umarmt sie lachend, erstaunt und so stürmisch wie noch nie – ach, es ist doch schön zu leben! Dass er alles das sehen und erleben – tatsächlich erleben – kann!

Was inzwischen geschehen war? Die ganze Stadt hatte von seinem Unglück gehört und für ihn gebetet. Sie hatten eine Sammlung für diesen freundlichen, bei allen beliebten Mann gestartet. Jetzt geht die Tür auf: Einer stellt fröhlich lachend einen großen Wäschekorb mit Geldscheinen hin, andere kommen, legen ihre Scheine singend hinein, alle sind fröhlich und glücklich, helfen zu können.

Das Haus füllt sich mit Menschen und dann singen sie laut und freudestrahlend wie nie zuvor ihre Weihnachtslieder.

Georg ist gerettet, alle freuen sich mit ihm! Im Hintergrund leuchtet der Lichterbaum …

Beim Anschauen merke ich: Ich lache die ganze Zeit mit – eine unglaubliche Welle von ansteckender Freude geht von diesem Weihnachtsmärchen-Film aus.

Ach es ist zu schön, und ich verstehe, dass der Film uns Heutigen etwas geben kann, das viele verloren haben: Hoffnung da, wo alle Hoffnung vergebens scheint. Hoffnung und

Lebensfreude, wo das Leben am Ende und verfehlt scheint. Menschen, die einander gut sind, sich zusammentun, um zu helfen. Freude und Dankbarkeit, weil das Leben selbst ein so großes, überragendes Geschenk ist und trotz allem, was einem begegnet, so schön, so schön und lebenswert! Nur darauf kommt es an!

Aber da ist noch etwas: Der Film versucht von Anfang an zu verdeutlichen, dass der Himmel an George Baileys Leben und Ergehen Anteil nimmt. Lächelnd vernimmt man, dass sein Schutzengel, „der sich seine Flügel noch nicht verdient hat“, zu ihm gesandt wird, „um ihn zu retten“, ihm zu helfen.

Was den Hauptdarsteller anbetrifft:

James Stewart (1908–1997) kam nach Kriegsende von seinem dreijährigen Militärdienst bei der Luftwaffe zurück. Seine Filmverträge waren inzwischen ausgelaufen und er stand vor einer ungewissen Zukunft. Da sprach ihn Filmregisseur Frank Capra (1897–1991) an, dass ihm ein Film vorschwebe …

„Die Handlung“, sagte Capra zögernd, „beginnt im Himmel und es ist so, dass Gott jemandem aufträgt, zur Erde zu gehen, weil dort ein Mensch in Schwierigkeiten ist. Dieses himmlische Wesen geht in eine kleine Stadt und …“

James ging sofort darauf ein.

Er erzählte von den Dreharbeiten: „Gleich von Beginn an hatte es mit diesem Film irgendeine besondere Bewandtnis; es ereigneten sich Dinge, die in keinem anderen meiner Filme je vorgekommen sind.“

Wie in jener Szene, als er in äußerster Verzweiflung auf dem Barhocker in der Kneipe sitzt. Bei dieser Aufnahme blickt James auf und fleht gemäß Drehbuch: „Gott ... Gott ... mein lieber himmlischer Vater, ich bin nicht besonders gottgläubig, aber wenn es dich dort oben gibt und du mich hören kannst, so zeig mir einen Ausweg. Ich bin am Ende. Zeige mir einen Ausweg, mein Vater ..."

James Stewart erzählt weiter: „Als ich diese Worte sprach, verspürte ich die Einsamkeit und Hoffnungslosigkeit von Menschen, die sich nirgendwo hinwenden können, und meine Augen füllten sich mit Tränen. Schluchzend brach ich zusammen. Das war überhaupt nicht vorgesehen. Doch die Kraft dieses Gebets und die Erkenntnis, dass unser himmlischer Vater da ist, um den Hoffnungslosen zu helfen, hatten mich zu Tränen gerührt."[7]

Jahrzehnte nach seiner Entstehung wird der Film „ein amerikanisches kulturelles Phänomen" genannt und 2006 in den USA zum „inspirierendsten Film aller Zeiten" gewählt.

James Stewart meinte dazu: „Nun, das mag sein, mich dünkt aber, es sei nichts Phänomenales am Film als solchem. Er handelt schlicht und einfach von einem gewöhnlichen Menschen, der entdeckt, dass jeder gewöhnliche Tag, den man anständig, mit Gottesglauben und selbstlosem Bemühen um andere Menschen lebt, ein wirklich wunderbares Leben ausmachen kann."

---

[7] In der deutschen Fassung ist diese Szene offensichtlich gekürzt.

In diesen vorweihnachtlichen Tagen wird der Film wieder über die Bildschirme flimmern, wird Menschen Freude schenken und die Botschaft von einem Anteil nehmenden, helfenden Gott vermitteln. Ich aber möchte, auch wenn Weihnachten längst vorbei ist, im Bewusstsein der Tatsache leben, die James Stewart ausgesprochen hat:

dass ein rechtschaffenes Leben im Vertrauen auf Gott und Gottes Fürsorge sowie des liebevollen Umgangs mit den Menschen um uns herum ein gutes und wunderbares Leben sein kann – und auch ist. Denn:

Wenn die Beziehung zu Gott, die Beziehung zu mir selbst und zu meinen Lieben, zu Freunden und Kollegen stimmt, liebevoll und harmonisch ist, ist Friede. Und dieser Friede ist die Grundvoraussetzung für unser menschliches Wohlbefinden und Glück. Dann kann und wird das Leben – bei allem, was es uns sonst an Leid, Schmerzlichem und Unvermeidbarem bringt – „dennoch" schön und reich und beglückend sein.

Und unsre Herzen erheben sich voll Liebe und Dankbarkeit zum Himmel:

„Danke, Vater!

Das Leben ist wunderschön!"

Weihnachten – ?

Das heißt:
Jesus kam freiwillig auf diese Erde,
er wurde freiwillig Mensch.
Er legte seine Göttlichkeit freiwillig ab,
lebte unter uns
und nahm in Demut den Kreuzestod auf sich.

Darin liegt seine Größe und
darin liegt unsere ewige Errettung.

Und nicht wahr:
Das darf doch nie in Vergessenheit geraten?
Darum feiern wir Weihnachten!

Nach Philipper 2,5–11

Weihnacht – die biblische Chronologie

Die chronologische Weihnachtsgeschichte
nach Matthäus und Lukas
aus der Gute Nachricht-Übersetzung 1982

Abkürzungen:
M = Matthäus
L = Lukas
Lu = nach Luther 2017

Die chronologische Geschichte der Geburt Jesu,

wie sie uns von dem Apostel Matthäus (Kapitel 1–2) und dem Arzt Lukas (Kapitel 1–2) aufgeschrieben wurde.

Es geschah in Alt-Israel …

Lukas berichtet (L 1,1–4)

Schon viele haben versucht, die Ereignisse darzustellen, die Gott unter uns geschehen ließ und die wir durch die Berichte der Augenzeugen kennen, die von Anfang an alles miterlebten und den Auftrag erhielten, die Gute Nachricht weiterzugeben. Darum habe auch ich mich dazu entschlossen, alles bis hin zu den ersten Anfängen sorgfältig zu erforschen und es für dich, verehrter Theophilus, in guter Ordnung niederzuschreiben. Ich tue das, damit du die Zuverlässigkeit der Lehre erkennst, in der man dich unterwiesen hat.

Ein altes Priesterehepaar (L 1,5–25)

Zu der Zeit, als König Herodes über das jüdische Land herrschte, lebte ein Priester namens Zacharias, der zur Priestergruppe Abija gehörte. Auch seine Frau stammte aus einer Priesterfamilie; sie hieß Elisabet. Beide führten ein Leben, das Gott gefiel, und richteten sich in allem nach den Geboten und Anweisungen des Herrn. Sie waren aber kinderlos, denn Elisabet konnte keine Kinder bekommen, und beide waren schon sehr alt.

Einmal war Zacharias wieder zum Priesterdienst im Tempel in Jerusalem, weil die Priestergruppe, zu der er gehörte, gerade an der Reihe war. Es war üblich, die einzelnen Dienste durch das Los zu verteilen. An einem bestimmten Tag fiel Zacharias die Aufgabe zu, das Räucheropfer darzubringen. So ging er in das Innere des Tempels, während die Volksmenge draußen betete.

Da sah Zacharias plötzlich einen Engel des Herrn; er stand an der rechten Seite des Altars, auf dem der Weihrauch verbrannt wurde. Zacharias erschrak und bekam große Angst. Aber der Engel sprach zu ihm: „Du brauchst dich nicht zu fürchten, Zacharias! Gott hat deine Bitte erhört. Deine Frau Elisabet wird einen Sohn bekommen, den sollst du Johannes nennen. Dann wirst du voll Freude und Jubel sein, und viele werden sich mit dir über seine Geburt freuen. Denn er ist vom Herrn zu großen Taten berufen. Er wird weder Wein noch Bier trinken. Schon im Mutterleib wird der Geist Gottes ihn erfüllen, und er wird viele aus dem Volk Israel zum Herrn, ihrem Gott, zurückführen. Er wird dem Herrn als

Bote vorausgehen, im gleichen Geist und mit der gleichen Kraft wie der Prophet Elija. Er wird das Herz der Eltern den Kindern zuwenden. Alle Ungehorsamen wird er auf den rechten Weg zurückbringen und so dem Herrn ein Volk zuführen, das auf sein Kommen vorbereitet ist."

Zacharias sagte zu dem Engel: „Woran soll ich erkennen, dass du recht hast? Ich bin doch ein alter Mann, und meine Frau ist auch nicht mehr jung."

Der Engel antwortete: „Ich bin Gabriel, einer von denen, die vor Gottes Thron stehen. Gott hat mich gesandt, um mit dir zu sprechen und dir diese gute Nachricht zu bringen. Was ich gesagt habe, wird zu gegebener Zeit eintreffen. Aber weil du mir nicht geglaubt hast, wirst du nicht mehr sprechen können, bis es so weit ist."

Währenddessen wartete die Volksmenge auf Zacharias und wunderte sich, dass er so lange im Tempel blieb. Als er herauskam, konnte er nicht mehr reden. Da merkten sie, dass er im Tempel eine Erscheinung gehabt hatte. Er konnte ihnen nur mit der Hand Zeichen geben, aber kein Wort herausbringen.

Als seine Dienstwoche im Tempel beendet war, ging Zacharias nach Hause. Bald darauf wurde seine Frau Elisabet schwanger und zog sich fünf Monate lang völlig zurück. Sie sagte: „Gott hat meinen Kummer gesehen und die Schande der Kinderlosigkeit von mir genommen."

Ein junges Mädchen namens Maria (L 1,26–38)

Als Elisabet im sechsten Monat war, sandte Gott den Engel Gabriel nach Nazaret in Galiläa zu einem jungen Mädchen namens Maria. Es war verlobt mit einem Mann namens Josef, einem Nachkommen Davids.

Der Engel kam zu Maria und sagte: „Sei gegrüßt, Maria, der Herr ist mit dir; er hat dich zu Großem ausersehen!"

Maria erschrak über diesen Gruß und überlegte, was er bedeuten sollte. Da sagte der Engel zu ihr: „Hab keine Angst, du hast Gnade bei Gott gefunden! Du wirst schwanger werden und einen Sohn zur Welt bringen. Dem sollst du den Namen Jesus geben. Er wird groß sein und wird ‚Sohn des Höchsten' genannt werden. Gott wird ihm das Königtum seines Vorfahren David übertragen. Er wird für immer über die Nachkommen Jakobs regieren. Seine Herrschaft wird nie zu Ende gehen."

Maria fragte den Engel: „Wie soll das zugehen? Ich habe doch mit keinem Mann zu tun!"

Er antwortete: „Gottes Geist wird über dich kommen, seine Kraft wird es bewirken. Deshalb wird man das Kind, das du zur Welt bringst, heilig und Sohn Gottes nennen. Auch Elisabet, deine Verwandte, bekommt einen Sohn – trotz ihres Alters. Sie ist bereits im sechsten Monat, und man hat doch von ihr gesagt, sie könne keine Kinder bekommen. Für Gott ist nichts unmöglich."

Da sagte Maria: „Ich will ganz für Gott da sein. Es soll so geschehen, wie du es gesagt hast."

Dann verließ sie der Engel.

Maria bei Elisabet (L 1,39–55)

Bald danach machte sich Maria auf den Weg und eilte zu einer Stadt im Bergland von Judäa. Dort ging sie in das Haus von Zacharias und begrüßte Elisabet. Als Elisabet ihren Gruß hörte, bewegte sich das Kind in ihrem Leib.

Da wurde sie vom Geist Gottes erfüllt und rief: „Gott hat dich unter allen Frauen ausgezeichnet, dich und dein Kind! Wer bin ich, dass die Mutter meines Herrn mich besucht? In dem Augenblick, als ich deinen Gruß hörte, bewegte sich das Kind vor Freude in meinem Leib. Du darfst dich freuen, denn du hast geglaubt, dass die Botschaft, die der Herr dir sagen ließ, in Erfüllung geht."

Maria aber sprach:

„Ich preise den Herrn
und juble vor Freude über Gott, meinen Retter!
Ich bin nur eine einfache Frau,
ein unbedeutendes Geschöpf vor ihm,
und doch hat er sich mir zugewandt!

Von nun an wird man mich glücklich preisen
in allen kommenden Generationen;
denn Gott hat Großes an mir getan,
er, der mächtig und heilig ist.
Sein Erbarmen hört niemals auf;
er schenkt es allen, die ihn ehren,
über viele Generationen hin.

Nun hebt er seinen gewaltigen Arm
und fegt die Stolzen weg samt ihren Plänen.
Nun stürzt er die Mächtigen vom Thron
und richtet die Unterdrückten auf.
Den Hungernden gibt er reichlich zu essen
und schickt die Reichen mit leeren Händen fort.

Unseren Vorfahren hat er zugesagt,
Israel Güte und Treue zu erweisen.
So hat er es Abraham versprochen
und seinen Nachkommen für alle Zeiten.
Nun hat er sich daran erinnert
und nimmt sich seines Volkes an."

Elisabet schenkt einem Sohn das Leben (L 1,57–64)

Als für Elisabet die Zeit der Entbindung gekommen war, gebar sie einen Sohn. Ihre Nachbarn und Verwandten hörten es und freuten sich mit, dass Gott ihr einen so großen Beweis seiner Güte gegeben hatte. Als das Kind acht Tage alt war und beschnitten werden sollte, kamen sie alle dazu.

Sie wollten es nach seinem Vater Zacharias nennen.

Aber die Mutter sagte: „Nein, er soll Johannes heißen!"

Sie wandten ein: „Warum denn? In deiner ganzen Verwandtschaft gibt es keinen, der so heißt."

Sie fragten den Vater durch Zeichen, wie der Sohn heißen solle. Zacharias ließ sich eine Schreibtafel geben und schrieb: „Er heißt Johannes."

Alle waren verwundert. Im selben Augenblick konnte Zacharias wieder sprechen, und sofort fing er an, Gott zu preisen.

Prophetische Worte des Priesters Zacharias (L 1,67–79)

Erfüllt vom Geist Gottes sprach der Vater des Kindes prophetische Worte:
„Gepriesen sei der Herr, der Gott Israels;
denn er ist uns zu Hilfe gekommen und
hat sein Volk befreit!
Einen starken Retter hat er uns gesandt,
einen Nachkommen seines Dieners David.
So hatte er es schon vor langer Zeit
durch seine Propheten angekündigt:

Er wollte uns vor unseren Feinden retten,
aus der Gewalt all derer, die uns hassen.
Unseren Vorfahren wollte er Güte erweisen
und nie den heiligen Bund vergessen,
den er mit ihnen geschlossen hatte.

Schon unserem Ahnherrn Abraham
hat er mit einem Eid versprochen,
uns aus der Macht der Feinde zu befreien,
damit wir keine Furcht mehr haben müssen
und unser Leben lang ihm dienen können
als Menschen, die ihrem Gott gehören
und tun, was er von ihnen verlangt.

Und du, mein Sohn –
ein Prophet des Höchsten wirst du sein,
weil du dem Herrn vorausgehen wirst,
um den Weg für ihn zu bahnen.
Du wirst dem Volk des Herrn verkündigen,
dass nun die versprochene Rettung kommt,
weil Gott ihm seine Schuld vergeben will.

Unser Gott ist voll Liebe und Erbarmen;
er schickt uns das Licht, das von oben kommt.
Es wird für alle leuchten, die im Dunkeln sind,
die im finsteren Land des Todes leben,
und wird uns auf den Weg des Friedens führen."

Das große Staunen (L 1,65–66.80)

Da ergriff die Nachbarn ehrfürchtiges Staunen, und im ganzen Bergland von Judäa sprach man über das, was geschehen war. Jeder, der davon hörte, dachte darüber nach und fragte sich:

„Was wird aus dem Kind einmal werden?"

Denn es war offensichtlich, dass Gott etwas Besonderes mit Johannes vorhatte.

Johannes wuchs heran und nahm zu an Verstand. Später zog er sich in die Wüste zurück bis zu dem Tag, an dem er unter dem Volk Israel offen mit seinem Auftrag hervortreten sollte.

Und Maria? (L 1,56)

Maria blieb etwa drei Monate bei Elisabet und kehrte dann wieder nach Hause zurück.

Und Josef? (M 1,18b–25)

Maria war mit Josef verlobt. Aber noch bevor die beiden die Ehe eingegangen waren, stellte sich heraus, dass Maria durch die Wirkung des Heiligen Geistes ein Kind erwartete.

Josef, dem sie durch die Verlobung schon rechtsgültig verbunden war, war ein anständiger Mann und wollte sie nicht öffentlich verklagen. Er dachte daran, sich stillschweigend von ihr zu trennen. Ehe es jedoch dazu kam, erschien ihm im Traum ein Engel des Herrn: „Josef, du Nachkomme Davids, scheue dich nicht, Maria zu dir zu nehmen! Denn das Kind, das sie erwartet, kommt vom Geist Gottes. Sie wird einen Sohn bekommen; den sollst du Jesus nennen. Denn er wird sein Volk von aller Schuld befreien."

Dies geschah, damit in Erfüllung ging, was der Herr durch den Propheten vorausgesagt hatte (Jesaja 7,14): „Die Jungfrau wird schwanger werden und einen Sohn zur Welt bringen, den wird man Immanuel nennen."

Der Name bedeutet: „Gott steht uns bei".

Als Josef erwachte, folgte er der Weisung, die ihm der Engel gegeben hatte, und nahm Maria zu sich. Er hatte aber keinen ehelichen Verkehr mit ihr bis zur Geburt ihres Sohnes. Und er gab ihm den Namen Jesus.

Zur Zeit des römischen Kaisers Augustus (L 2,1–3 / Lu)

Es begab sich aber zu der Zeit, dass ein Gebot von dem Kaiser Augustus ausging, dass alle Welt geschätzt würde.

Und diese Schätzung war die allererste und geschah zur Zeit, da Quirinius Statthalter in Syrien war. Und jedermann ging, dass er sich schätzen ließe, ein jeglicher in seine Stadt.

Von Nazaret nach Betlehem …

Die Geburt Jesu (L 2,4–7 / Lu)

Da machte sich auf auch Josef aus Galiläa, aus der Stadt Nazaret, in das jüdische Land zur Stadt Davids, die da heißt Betlehem, darum dass er von dem Hause und Geschlechte Davids war, auf dass er sich schätzen ließe mit Maria, seinem vertrauten Weibe, die war schwanger.

Und als sie daselbst waren, kam die Zeit, dass sie gebären sollte. Und sie gebar ihren ersten Sohn und wickelte ihn in Windeln und legte ihn in eine Krippe; denn sie hatten sonst keinen Raum in der Herberge.

Die Hirten bei Nacht (L 2,8–16 / Lu)

Und es waren Hirten in derselben Gegend auf dem Felde bei den Hürden, die hüteten des Nachts ihre Herde. Und des Herrn Engel trat zu ihnen, und die Klarheit des Herrn leuchtete um sie; und sie fürchteten sich sehr.

Und der Engel sprach zu ihnen:

„Fürchtet euch nicht!
Siehe, ich verkündige euch große Freude,
die allem Volk widerfahren wird;
denn euch ist heute der Heiland geboren,
welcher ist Christus, der Herr, in der Stadt Davids.
Und das habt zum Zeichen:
Ihr werdet finden das Kind in Windeln gewickelt
und in einer Krippe liegen."

Und alsbald war da bei dem Engel die Menge der himmlischen Heerscharen, die lobten Gott und sprachen (sangen):

„Ehre sei Gott in der Höhe
und Friede auf Erden
bei den Menschen seines Wohlgefallens."

Und da die Engel von ihnen gen Himmel fuhren, sprachen die Hirten untereinander: Lasst uns nun gehen gen Betlehem und die Geschichte sehen, die da geschehen ist, die uns der Herr kundgetan hat.

Und sie kamen eilend und fanden beide, Maria und Josef, dazu das Kind in der Krippe liegen.

(L 2,17-20)

Als sie es sahen, berichteten sie, was ihnen der Engel von dem Kind gesagt hatte. Alle, die dabei waren, staunten über das, was ihnen die Hirten erzählten.

Maria aber bewahrte all das in ihrem Herzen und dachte immer wieder darüber nach.

Die Hirten gingen zu ihren Herden zurück, priesen Gott und dankten ihm für das, was sie gehört und gesehen hatten. Es war alles so gewesen, wie der Engel es ihnen gesagt hatte.

Nach acht Tagen ... (L 2,21)

... war es Zeit, das Kind zu beschneiden. Es bekam den Namen Jesus – so wie der Engel Gottes angeordnet hatte, noch ehe Maria das Kind empfing.

Im Tempel der Stadt Jerusalem ...

Vierzig Tage nach der Geburt ... (L 2,22–24)

... war die Zeit der Unreinheit für Mutter und Kind vorüber, die im Gesetz Moses festgelegt ist.

Da brachten die Eltern das Kind in den Tempel nach Jerusalem, um es Gott zu weihen. Denn im Gesetz heißt es:

„Wenn das erste Kind, das eine Frau zur Welt bringt, ein Sohn ist, soll es Gott gehören.“

Zugleich brachten sie das vorgeschriebene Reinigungsopfer dar: ein Paar Turteltauben oder zwei junge Tauben.

Ein Mann namens Simeon (L 2,25–35)

Damals lebte in Jerusalem ein Mann namens Simeon. Er war fromm und hielt sich treu an Gottes Gesetz und wartete auf die Rettung Israels. Er war vom Geist Gottes erfüllt, und der hatte ihm die Gewissheit gegeben, er werde nicht sterben, bevor er den von Gott versprochenen Retter mit eigenen Augen gesehen habe.

Simeon folgte einer Eingebung des Heiligen Geistes und ging in den Tempel. Als die Eltern das Kind Jesus dorthin brachten und es Gott weihen wollten, wie es nach dem Gesetz üblich war, nahm Simeon das Kind auf die Arme, pries Gott und sagte:

„Herr, nun kann ich in Frieden sterben;
denn du hast dein Versprechen eingelöst!
Mit eigenen Augen habe ich es gesehen:
Du hast dein rettendes Werk begonnen,
und alle Welt wird es erfahren.
Allen Völkern sendest du das Licht,
und dein Volk Israel bringst du zu Ehren.“

Die Eltern Jesu wunderten sich über das, was Simeon von dem Kind sagte.

Simeon segnete sie und sagte zu der Mutter: „Dieses Kind ist von Gott dazu bestimmt, viele in Israel zu Fall zu bringen und viele aufzurichten. Es wird ein Zeichen Gottes sein, gegen das sich viele auflehnen und so ihre innersten Gedanken verraten werden. Dich aber wird der Kummer um dein Kind wie ein scharfes Schwert durchbohren."

Hanna, die Prophetin (L 2,36–39)

In Jerusalem lebte auch eine Prophetin. Sie hieß Hanna. Sie war die Tochter Penuels aus dem Stamm Ascher. Sie war schon sehr alt. Sieben Jahre war sie verheiratet gewesen, und seit vierundachtzig Jahren war sie Witwe. Sie verließ den Tempel nicht mehr und diente Gott Tag und Nacht mit Fasten und Beten.

Auch die kam jetzt hinzu und pries Gott. Sie sprach über das Kind zu allen, die auf die Rettung Jerusalems warteten.

Der König und die Sterndeuter aus dem Orient

König Herodes und die Sterndeuter (M 2,1–8)

Jesus wurde in der Stadt Betlehem in Judäa geboren, als König Herodes in Jerusalem regierte.

Bald nach seiner Geburt kamen Sterndeuter aus dem Osten nach Jerusalem und fragten: „Wo finden wir das neugeborene Kind, den kommenden König der Juden? Wir haben seinen Stern aufgehen sehen und sind gekommen, um ihm zu huldigen."

Als König Herodes das hörte, geriet er in Aufregung und mit ihm ganz Jerusalem. Er ließ alle führenden Priester und Gesetzeslehrer zu sich kommen und fragte sie:

„Wo soll der versprochene König geboren werden?"

Sie antworteten: „In der Stadt Betlehem in Judäa. Denn so hat der Prophet geschrieben: ‚Du Betlehem im Land Juda! Du bist keineswegs die unbedeutendste Stadt in Juda, denn aus dir wird der Mann kommen, der mein Volk Israel schützen und leiten soll.'"

Daraufhin rief Herodes die Sterndeuter heimlich zu sich und fragte sie aus, wann sie den Stern zum ersten Mal gesehen hätten. Dann schickte er sie nach Betlehem und sagte: „Geht hin und erkundigt euch genau nach dem Kind, und wenn ihr es gefunden habt, gebt mir Nachricht! Dann will auch ich zu ihm gehen und ihm huldigen."

Die Sterndeuter in Betlehem (M 2,9–12)

Nachdem sie diesen Bescheid erhalten hatten, machten sich die Männer auf den Weg. Der Stern, den sie schon bei seinem Aufgehen beobachtet hatten, ging ihnen voraus. Genau über der Stelle, wo das Kind war, blieb er stehen.

Als sie ihn dort sahen, kam eine große Freude über sie. Sie gingen in das Haus, fanden das Kind mit seiner Mutter Maria, warfen sich vor ihm nieder und huldigten ihm.

Dann breiteten sie die Schätze aus, die sie ihm als Geschenk mitgebracht hatten: Gold, Weihrauch und Myrrhe.

In einem Traum befahl ihnen Gott, nicht noch einmal zu Herodes zu gehen. So reisten sie auf einem anderen Weg in ihr Land zurück.

Aufbruch nach Ägypten (M 2,13–15)

In der folgenden Nacht hatte Josef einen Traum, darin erschien ihm ein Engel des Herrn und sagte:

„Steh auf, nimm das Kind und seine Mutter und flieh nach Ägypten! Bleib dort, bis ich dir sage, dass du zurückkommen kannst. Herodes wird nämlich alles daransetzen, das Kind zu töten."

Da brach Josef mit dem Kind und seiner Mutter mitten in der Nacht nach Ägypten auf.

Dort lebten sie bis zum Tod von Herodes. So traf ein, was Gott durch den Propheten vorausgesagt hatte: „Aus Ägypten habe ich meinen Sohn gerufen."

Kindermord in Betlehem (M 2,16–18)

Als Herodes merkte, dass die Sterndeuter ihn hintergangen hatten, wurde er sehr zornig. Er befahl, in Betlehem und Umgebung alle kleinen Jungen bis zu zwei Jahren zu töten. Das entsprach der Zeitspanne, die er aus den Angaben der Sterndeuter entnommen hatte.

So traf ein, was der Prophet Jeremia vorausgesagt hatte

(Jeremia 31,15–16): „In Rama hört man Klagerufe und bitteres Weinen: Rahel weint um ihre Kinder und will sich nicht trösten lassen; man hat sie ihr alle weggenommen."

Wie geht es weiter?

Rückkehr (M 2,19–21)

Als Herodes gestorben war, hatte Josef in Ägypten einen Traum, darin erschien ihm ein Engel des Herrn und sagte:

„Steh auf, nimm das Kind und seine Mutter und kehre in das Land Israel zurück; denn alle, die das Kind umbringen wollten, sind gestorben."

Da stand Josef auf, nahm das Kind und seine Mutter und kehrte nach Israel zurück.

Nazaret – die neue Heimat (M 2,22–23)

Als Josef aber erfuhr, dass Archelaus als Nachfolger seines Vaters Herodes in Judäa regierte, wagte er nicht, dorthin zu ziehen. In einem Traum erhielt er neue Weisungen und ging daraufhin nach Galiläa. Dort ließ er sich in der Stadt Nazaret nieder. So traf die Voraussage der Propheten über Jesus ein, man werde ihn Nazarener nennen.

Ein Kind wächst heran (L 2,39–40.52 / Lu)

Und als sie alles vollendet hatten (...), kehrten sie wieder zurück nach Galiläa in ihre Stadt Nazaret.

Das Kind aber wuchs und wurde stark, voller Weisheit, und Gottes Gnade lag auf ihm.

Und Jesus nahm zu an Weisheit,
Alter und Gnade bei Gott und den Menschen.

(L 3,23a / Lu)

Und Jesus war, als er auftrat, etwa dreißig Jahre alt.

Wenn Sie die Geschichte Jesu besser kennenlernen möchten, lesen Sie bitte die Evangelien von Matthäus, Markus, Lukas und Johannes.

Cornelia Haverkamp (Hrsg.)

Das Weihnachtskamel
und andere Geschichten

96 Seiten, gebunden
ISBN Buch 978-3-7655-0963-6
ISBN E-Book 978-3-7655-7462-7

Ein überraschender Besucher am Heiligabend – eine nächtliche Zeitreise zu den Hirten von Bethlehem – eine Weihnachtsgeschichte aus der Sprühdose – ein perfektes Weihnachtsmenü mit Komplikationen …

Neue Advents- und Weihnachtsgeschichten: fröhlich und anrührend, hintergründig und besinnlich. Sie handeln von der Weihnachtsfreude, die manchmal auf ganz ungewöhnlichen Wegen zu uns Menschen kommt.

Mit Beiträgen von Ilse Ammann-Gebhardt, Ursula Berg, Bettina Poock, Ursula Koch, Christoph Maas, Elke Ottensmann, Ingeborg Reinhold, Mannfred Schmidt, Hinrich C. G. Westphal, Gottfried Zurbrügg.

www.brunnen-verlag.de

Carolin Kotthaus (Hrsg.)

Ein Päckchen voller Freude

Weihnachtsgeschichten,
die das Herz erwärmen

Zwölf weihnachtliche Geschichten mit Herz und Humor. Ein kleines Advents- und Weihnachtsbuch, in dem bekannte und beliebte Autoren von ungewöhnlichen Weihnachtsideen und besonderen Weihnachtsfreuden erzählen. Für alle Freunde besinnlicher Unterhaltung im Advent.
64 Seiten, Taschenbuch, ISBN 978-3-7655-4350-0

Ein Päckchen voller Hoffnung

12 Weihnachtsgeschichten fürs Herz

Wie eine Geige für einen syrischen Klempner das schönste Weihnachtsgeschenk wird oder wie ein Stromausfall eine Weihnachtspredigt rettet – davon berichten die weihnachtlichen Hoffnungsgeschichten in diesem Buch. Sie erzählen von besonderen Wünschen und Geschenken, von herzlichen Einladungen und von der Hoffnung, die das Weihnachtsfest mit sich bringt.
64 Seiten, Taschenbuch, ISBN 978-3-7655-4361-6

www.brunnen-verlag.de